中国家庭收入流动性测度方法与实证研究

马巧丽　著

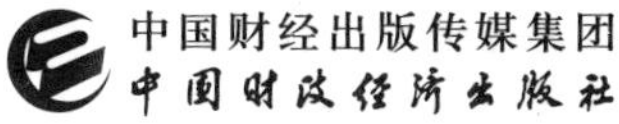

图书在版编目（CIP）数据

中国家庭收入流动性测度方法与实证研究 / 马巧丽著. -- 北京：中国财政经济出版社，2021. 9

ISBN 978 - 7 - 5223 - 0646 - 9

Ⅰ. ①中… Ⅱ. ①马… Ⅲ. ①家庭收入－研究－中国 Ⅳ. ①F126. 2

中国版本图书馆 CIP 数据核字（2021）第 134523 号

责任编辑：闫　娟　庄　莉　　　　责任印制：刘春年
封面设计：孙俪铭　　　　　　　　责任校对：胡永立

本书出版得到 2021 年河南省高校人文社会科学研究一般项目（2022 - ZZJH - 414）的资助

中国家庭收入流动性测度方法与实证研究
ZHONGGUO JIATING SHOURU LIUDONGXING CEDU FANGFA YU SHIZHENG YANJIU

中国财政经济出版社 出版

URL：http：//www. cfeph. cn
E - mail：cfeph@ cfeph. cn

社址：北京市海淀区阜成路甲 28 号　邮政编码：100142
营销中心电话：010 - 88191522
天猫网店：中国财政经济出版社旗舰店
网址：https：//zgczjjcbs. tmall. com
北京财经印刷厂印刷　各地新华书店经销
成品尺寸：170mm × 240mm　16 开　15 印张　189 000 字
2021 年 9 月第 1 版　2021 年 9 月北京第 1 次印刷
定价：72. 00 元
ISBN 978 - 7 - 5223 - 0646 - 9
（图书出现印装问题，本社负责调换，电话：010 - 88190548）
本社质量投诉电话：010 - 88190744
打击盗版举报热线：010 - 88191661　QQ：2242791300

前言

党的十九大报告指出，我国社会的主要矛盾已经转化为“人民日益增长的美好生活需要和不平衡不充分的发展之间的矛盾”，提高人民收入水平、缩小收入差距，畅通向上流动通道，实现全体人民共同富裕，既与新时代人民对美好生活日益增长的需要高度吻合，同时也是解决发展不平衡不充分的一个重要举措。著名经济学家林毅夫指出，缩小收入差距，提高社会流动性，实现更包容的发展，是成功跨入高收入国家行列的必要条件。收入流动性是收入分配研究领域的一个重要议题，是社会流动性不可或缺的重要组成部分。收入流动性是指经过一段时间以后特定群体内个体收入所发生的变动情况，它从动态角度拓展了收入不平等的衡量方式，跨期研究是其主要特点。在收入流动性的理论框架内，即使同一群体两个不同年份的收入分布形态完全一致，只要收入分布中相同位置上的个体不完全一致，就意味着收入分配格局发生了变化。

近年来，我国居民的收入差距一直在高位徘徊，基尼系数已超过了国际公认的 0.4 的警戒线，学者、官员和公众开始担忧收入不平等现象会诱使中国陷入经济停滞的“中等收入陷阱”。实际上，在经济增长过程中，如果能确保较快的收入流动性，即让各个收入阶层之间流动渠道畅通、保持正常的收入流动，这种情形下收入差距的扩大并不一定会对社会稳定和经济发展造成不利的影响。相反，如果在收入差距扩大的过程中，各阶层的收入流动性很低，特别是低收入阶层如果出现“锁定效应”，那将会给经济发展与社会的和谐稳定带来一定的压力。在我国年度收入不平等程度居高不下的背景下，研究我国居民的收入流动性问题无疑有着重要的现实意义。

我国居民的收入流动性水平如何？不同流动性内涵上的收入流

动性变动趋势是否一致？收入流动性通过什么渠道影响长期收入失衡，其对不同形式的收入失衡影响效应是否一致、是否同步，以及如何促进我国居民的收入流动性，提升收入流动的质量？这些问题都需要对收入流动性测度方法进行研究，进而对我国居民收入流动性进行实际测算。本书以收入分配理论和收入流动性理论为基础，在对相关的文献进行系统梳理的基础上，从多个维度对收入流动性的测度方法进行改进，构建收入流动性测度的理论框架，分别对中国家庭的相对收入流动性与绝对收入流动性进行测度，并比较城乡及不同地区之间收入流动性的差异，探寻我国家庭收入流动性的动态演变规律。在此基础上，从收入不平等、贫困、极化三个维度探究收入流动性对中国家庭长期收入失衡的影响。最后，分析收入流动性的影响因素，在实证分析结果的基础上，提出促进收入流动、改善流动性质量的政策建议。

本书的出版有助于进一步丰富和完善收入流动性的测度方法体系，全面把握我国居民家庭收入流动性的水平、程度及趋势，更深刻地反映我国居民收入分配失衡的程度及性质，准确评判居民收入流动性的影响因素，为相关部门制定精准有效的政策措施提供基础。

目录

第一章

引　言

第一节 选题背景与意义

一、选题背景

改革开放以来，中国的经济发展取得了巨大的成就，人均 GDP 由 1978 年的385 元快速增长到2020 年的7.2 万元，被世界誉为“中国奇迹”。然而伴随着经济的快速增长和居民收入水平的显著提高，收入分配领域问题越来越突出，收入差距现象日益严重，包括城乡收入差距、地区收入差距、行业部门之间以及居民个人之间的收入差距不断扩大已经成为不争的事实。国家统计局的数据显示，2003 年以来全国收入分配的基尼系数稳定在0.46 以上，收入差距一直在高位徘徊（见图1-1）。不论是一般性的观察还是专业性的研究都承认，按照国际标准来说，中国的收入不平等程度是比较高的，学者、官员和公众开始担忧收入不平等现象会诱使中国陷入经济停滞的“中等收入陷阱”（王小鲁和樊纲，2005；米建伟和梁勤，2009）。党的十八大报告提出要“着力解决收入分配差距较大的问题，使发展成果更多更公平惠及全体人民”，党的十九大报告指出“收入分配差距依然较大”，明确提出继续“缩小收入分配差距”的要求。

实际上，基尼系数只能反映收入不平等的静态结构，具有一定的局限性。比如 A 和 B 两个人第一年的收入分别为 1 万元、19 万元，第二年两人收入分别为 19 万元、1 万元，可以计算出两年的基尼系数均为0.45，收入差距比较大。但是两个年份的收入流动性很大，如果计算两年收入的基尼系数，其值为0。虽然年度收入的不平等程度较大，但人们的相对收入地位也在不断变动，其结果就是今

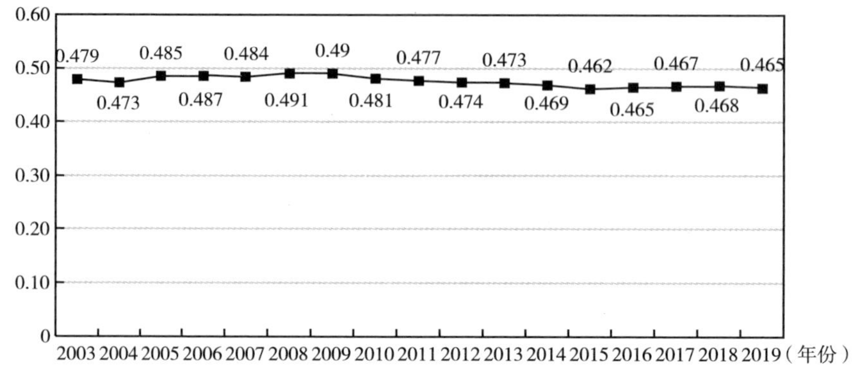

图1-1　国家统计局公布的基尼系数变动趋势

天的穷人可能成为明天的富人，这就使同样的收入差距可能有着完全不同的政策含义。因此，研究我国的收入分配问题，不仅要关注静态的收入分配状况，还要从动态角度分析未来收入格局的变动趋势。其实，最令人担忧的不是单一年份的收入不平等，也不是基尼系数的增大，而是收入格局的固化。如果出现“富人永远富，穷人永远穷”的收入固化现象，社会底层看不到由穷变富的机会，那才是最可怕的，这就涉及收入流动性问题。

二、研究意义

收入流动性是收入分配研究领域的一个重要议题，与基于截面数据的静态收入不平等测度指标相比，收入流动性能更全面地反映收入分配变动的真实状况。因此，对现有的收入流动性测度方法进行改进和拓展，进而对我国的收入流动性进行实际测算，无疑具有重大的理论与现实意义。

（一）理论意义

首先，从收入流动性角度进一步深化对收入分配问题的研究，能够更为清晰地揭示收入分配的真实状况。与分析某一时点静态的收入分布特征不同，收入流动性主要关注收入分配的动态变化。从单一年度静态视角探讨收入分配的不平等程度研究，扩展到跨期动态的收入分配公平程度研究，收入流动性为收入分配问题提供了新的研究视角，进一步丰富了收入分配领域的理论观点，有助于我们加深对于收入分配领域中现有问题的认识。

其次，本书的研究进一步拓展了收入流动性的测度理论与方法体系。本书提出从相对收入流动性、绝对收入流动性、基于长期收入分配失衡及福利变动的流动性对收入流动性进行综合测度的总体框架，并从多个维度对收入流动性的测度方法进行改进。在相对收入流动性的测度方法上，从收入份额变动和收入位次变动视角构建了新的收入流动性测度指数。在绝对收入流动性的测度方法上，从更关注低收入群体的视角出发，构建了有方向的与无方向的绝对收入流动性指数。基于收入分配失衡及社会福利水平变化的收入流动性测度方法上，在已有的长期不平等变化视角的收入流动性测度方法基础上，创新性地提出了基于长期贫困变化的收入流动性及基于长期极化变动的收入流动性测度方法。本书对收入流动性测度方法的改进与拓展有助于进一步丰富和完善收入流动性的测度方法体系。

（二）现实意义

收入流动性是与经济机会、长期收入均衡紧密相连的重要课题，从收入流动性视角对我国的收入分配问题进行研究具有特殊的现实意义。

首先，引入收入流动性概念，进一步深化收入分配问题的研究，从动态角度分析居民收入变动的程度和特征，有助于更深刻地理解我国收入分配的现状及问题。如果基尼系数的扩大伴随着收入流动性的增加，随着时间的推移，较低收入阶层的人们有很大的比例进入较高收入阶层，那么长期收入的不平等程度也许没有人们想象的那么大，在其他条件不变的情况下，收入流动性较高的社会往往比收入固化的社会更容易被人们接受。在经济增长过程中，如果能确保较快的收入流动性，即让各个收入阶层之间流动渠道畅通、保持正常的收入流动，这种情形下收入差距的扩大并不一定会对社会稳定和经济发展造成不利的影响。相反，如果在收入差距扩大的过程中，各阶层的收入流动性很低，特别是低收入阶层如果出现“锁定效应”，那将会给经济发展与社会的和谐稳定带来一定的压力，从这个视角出发，研究我国的收入流动性水平及变动趋势有着重要的现实意义。

其次，在我国年度收入不平等程度居高不下的背景下，从收入流动性视角考察长期收入失衡的变动对我国经济的发展与社会稳定具有重大的意义。由于收入流动可以平滑短期的收入波动，从而使单独年份的收入不平等无法固化为长期的收入不平等，从长期来看，总收入分布的不平等程度没有短期那么严重，如果收入流动性水平较高，人们在一种类似于“风水轮流转”的轮换中都有机会获得较高的收入，这就能协调不同收入群体的利益，从而可以大大缓解收入差距带来的负面影响。从这个意义上说，收入流动可以缓解长期收入失衡。收入流动性通过什么渠道影响长期收入失衡，收入流动性对不同形式的收入失衡影响效应是否一致、是否同步，找出收入流动影响长期收入失衡的渠道及其作用的大小，对于理解我国现阶段的收入分配状况及对未来收入分配相关政策的制定都是极具现实意义的。

最后，由于收入流动性意味着经济机会，研究我国的收入流动性有助于理解当前的收入不平等究竟是由机会不均等造成的、还是在机会比较均等的情形下市场竞争的结果。机会不均等前提下的收入不平等与机会均等下的收入不平等有本质的区别，前者既不公平也无效率，当有能力的人因为没有机会而得不到生产资源，而无能力的人因为有机会而得到生产资源时，必然产生资源错置，社会生产效率低下，最终的收入分配也必然不平等，针对这种问题的政策选择是无异议的，即尽力创造一个机会均等的竞争环境，包括根治腐败、减少垄断、保障得到基本教育的机会等。而如果收入不平等是在机会比较均等的前提下市场竞争的结果，则政策选择不仅面临效率与平等的取舍，还面临长期平等与短期平等的选择。现有研究对收入分配的结果平等性问题有广泛和深入的探讨，然而关于收入机会平等性问题的研究却相对薄弱，事实上，相对于结果的不平等程度，是否有平等的收入机会无疑是人们更加关注的问题。在中国收入分配“结果平等”的现状不能令人满意的情况下是否存在着收入“机会平等”，收入流动性可以帮助回答这个问题。

此外，在收入差距不断拉大的背景下，研究我国家庭的收入流动性问题，从实证上探究收入流动性的影响因素，对于促进我国家庭的收入流动性、提升收入流动性的质量，具有重要的政策指导意义。

总之，本书的研究在理论层面有助于弥补以往收入流动性研究领域的不足，在现实层面有利于进一步认识和反映我国收入不平等的程度及性质，深化和丰富我国收入分配及收入流动性领域的研究。

第二节 研究目标与研究内容

一、研究目标

从收入流动性的相关文献来看，关于收入流动性的理论与经验研究可以拓展的方向有很多，本书主要就中国家庭收入流动性一些较为重要的问题进行研究，主要研究目的如下：在梳理国内外收入流动性研究状况的基础上，综合收入流动性内涵的不同方面建立一个较为完整的收入流动性测度体系，对现有的收入流动性测度理论进行补充和完善；开展收入流动性测度方法的创新与应用研究，对现有的收入流动性测度方法进行改进和拓展，并对我国家庭收入流动性进行实际测算；考察不同流动性视角下我国家庭收入流动性会呈现怎样不同的变化，并对我国城乡、区域的收入流动性进行对比分析；通过计量模型从社区和家庭两个层面探究影响收入流动性的相关因素，为制定相关的政策提供决策依据。

二、研究内容

本书拟从文献梳理、相对收入流动性分析、绝对收入流动性分析、基于收入分配失衡及社会福利水平变动的收入流动性分析、收入流动性的影响因素等层面对我国家庭收入流动性进行系统化研究。具体的研究内容主要包含以下几点：

1. 详细梳理和分析国内外收入流动性的理论、研究方法与经验研究成果，准确把握收入流动性的内涵和特征，对收入流动性的不同内涵进行比较和归纳，为论文思路的展开提供支撑。

2. 从相对视角分析我国家庭的收入流动性特征，根据收入相关系数、分位数转换矩阵、中位数转换矩阵及基于收入转换矩阵的指标，结合新构建的位次流动性指数和份额流动性指数对我国家庭的相对收入流动性进行测度，并对城乡及不同地区的收入流动性特征进行比较分析。

3. 从绝对视角研究我国家庭的收入流动性，基于收入对数绝对距离指数、欧氏距离指数，结合新构建的偏向低收入家庭的对数绝对距离指数，对无方向的绝对收入流动性进行测度；基于收入对数距离指数和偏向低收入家庭的对数距离指数对有方向的绝对收入流动性进行测度；分城乡、区域两个层面进行绝对收入流动性的对比分析。

4. 基于长期收入分配失衡及社会福利水平变化的视角对收入流动性进行研究，分别考察基于长期不平等变化的收入流动性、基于长期贫困变化的收入流动性、基于长期极化变动的收入流动性变动特征，并从社会福利水平变化的视角对收入流动性进行测度与分析。

5. 收入流动性的影响因素分析。通过构建多层多项 Logit 模型，探究社区特征与家庭特征及两者的交互效应对家庭收入流动性的影响。

三、拟解决的关键问题

理论方法方面：各种收入流动性测度方法的利弊；收入位次变动视角流动性测度方法的改进；收入份额变动视角流动性测度方法的改进；绝对收入流动性测度方法的改进；提出从长期贫困、长期极化变动的视角对收入流动性进行测度的思路及方法；从社区和家庭两个层面上分析收入流动性影响因素的方法。

实证研究方面：我国家庭在收入流动性不同内涵上的变动趋势如何，城乡及不同区域收入流动性状况的差异；家庭收入流动性是否受所在社区特征的影响，社区特征、家庭特征以及两者的交互作用是如何影响收入流动性的。

政策建议方面：如何促进我国家庭的收入流动性、提升收入流动性的质量。

第三节　研究思路与结构安排

一、研究思路

本书以收入分配理论和收入流动性理论作为研究的理论基础，尝试从三个数据库获得不同时间段上的样本，从更长时间段上分析我国家庭收入流动性。本书首先对相关的文献进行了系统的梳理，并对既有研究的主要成就和有待进一步深入研究的问题进行了分析和归纳，从收入流动性的相对视角、绝对视角与福利视角构建本书的理论框架。在此基础上，分别对相对收入流动性、绝对收入流动性、基于收入失衡及社会福利水平变化的收入流动性进行了测度，并比较了城乡及不同地区之间收入流动性的差异，探寻我国家庭收入流动性的动态演变规律。然后从社区和家庭两个层面上研究我国家庭收入流动性的影响因素。最后总结本书得出的主要结论，在实证分析结果的基础上，提出能够促进收入流动、改善收入流动性质量的建议依据，并指明了未来的研究方向。

本书的技术路线图如图 1－2 所示。

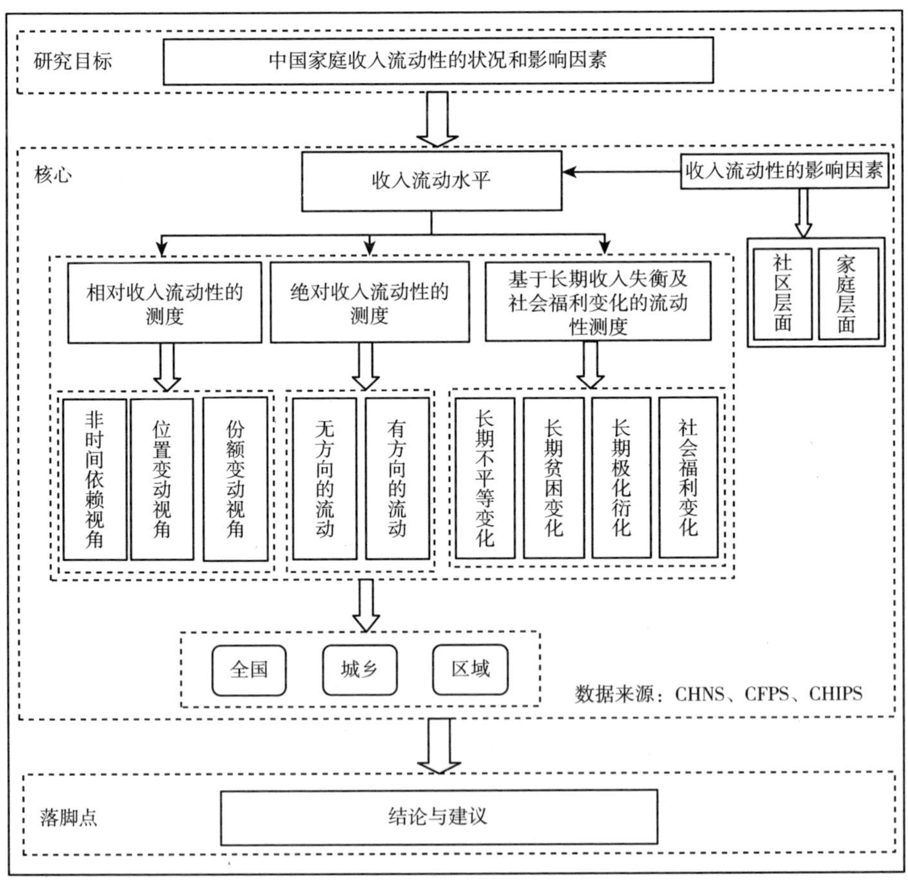

图 1－2　技术路线图

二、章节安排

本书的章节安排如下：

第一章是引言，分析我国家庭收入流动性的现实背景与研究意义，确定了本书的研究目的、研究内容及拟解决的关键问题，并阐述了本书的研究思路和技术路线，指出了本书的创新之处。

第二章是收入流动性内涵与实证研究的文献综述。本章对不同视角的收入流动性内涵进行了述评和归纳，将文献中涉及的收入流动性进行了分类，明确了相对收入流动性、绝对收入流动性、长期收入失衡及福利变动视角流动性的内涵，从而为后面第四、第五、第六章的收入流动性测度方法奠定了理论基础。然后对国内外经验研究文献进行了梳理总结，指出目前我国收入流动性研究中的不足和存在的问题，进而提出本书的切入点。

第三章为中国居民收入的微观数据来源及描述性分析。首先介绍了目前我国主要的微观收入数据库，然后重点对本书所用的中国营养与健康调查（CHNS）、中国家庭追踪调查（CFPS）、中国住户收入调查（CHIPS）三个数据库进行了说明，比较了样本的主要指标，并分析了对收入流动性进行测度的必要性与重要性。

第四章是中国家庭相对收入流动性测度方法与实证研究。本章在对已有的相对收入流动性测度方法进行介绍与评析的基础上，分别从收入位次变动的视角及收入份额变动的视角提出了两种新的相对收入流动性测度方法，拟对已有的测度方法进行拓展与补充。在此基础上，构建了相对收入流动性的测度指标体系，对我国家庭相对收入流动性进行了测度，并对比分析了城乡、不同区域的相对收入流动性的异同，探寻家庭收入流动性的演变特征。

第五章是中国家庭绝对收入流动性测度方法与实证研究。本章首先介绍、评析了已有的绝对收入流动性测度方法，并基于偏向低收入群体的视角，提出了一种新的绝对收入流动性测度方法，对已有的绝对收入流动性测度方法进行了拓展。在此基础上，采用对数绝对距离指数、对数欧氏距离指数及偏向低收入家庭的对数绝对距离指数测算了无方向的收入流动性，根据对数变动距离指数和偏向低收入家庭的对数距离指数对有方向的收入流动性进行了测算，并对比分析了城乡及不同区域的绝对收入流动性特征。

第六章是基于长期收入分配失衡及社会福利变化的收入流动性测度方法与实证研究。首先构建了一个基于长期收入失衡变动的流动性测度框架，在已有的长期不平等变化视角的收入流动性测度方法基础上，创新性地提出了基于长期贫困变动的收入流动性测度方法和基于长期收入极化变动的收入流动性测度方法，并提出了一种考虑不同时期收入的时间价值的长期收入计算方法，对长期收入分配失衡变动的收入流动性从全国层面，分城乡、分区域进行了实证研究。此外对收入固化指数的分解方法进行了探讨并按城乡、地区进行了分解分析。最后，根据 Atkinson 福利函数构建了基于社会福利水平变化的收入流动性测度指数，并进行了实证分析。

第七章是中国家庭收入流动性的影响因素探究。本章创新性地将多层多项 Logit 模型应用于收入流动性的影响因素研究，从社区和家庭两个层次上分析社区和家庭特征对家庭收入流动性的影响。在收入流动方向的界定上，综合反映了收入位次、收入份额及收入水平的变动方向。家庭层面上选择了反映家庭收入特征、家庭特征及户主特征的变量，社区层面上选择了反映社区城市化水平和城市化进程的变量。在实证分析部分，检验了建立多层模型的必要性，并对所使用模型的可靠性进行了稳健性检验。

第八章是结论、政策建议及研究展望，也是本书的结尾部分。首先提炼了本书的研究结论，并根据实证研究的结果对增强收入流动性、提升收入流动的质量等问题提出了若干具体的政策建议，为出台相关的收入分配政策提供有益的参考，最后探讨了后续研究的主要方向。

三、创新点

本书对收入流动性研究作了较为全面的评述，提出了若干种收入流动性测度的新方法，在构建收入流动性测度体系基础上，对我国家庭的收入流动性进行了实证研究。归纳起来，本书的创新点和主要贡献体现在以下四个方面：

1. 在对已有的收入流动性研究文献及测度方法进行梳理和分析的基础上，将 Fields（2006）总结的收入流动性概念的六个方面进一步概括为三大类：相对收入流动性、绝对收入流动性、收入分配失衡及社会福利变化视角的收入流动性，并就每一类别的收入流动性内涵及特征予以介评，重新审视了收入流动性的框架内涵，提供了收入流动性现有测度方法体系的整体图景。

2. 在对现有收入流动性测度方法进行深入探讨分析的基础上，本书提出了若干种新的收入流动性测度方法，主要有：

（1）基于收入位次变动视角，提出了一个新的相对收入流动性测度指数，与已有的位次流动性指数相比，新提出的位次流动性指数不仅满足收入位次变动的敏感性，同时还满足流动性取最大值时唯一性等更优良的性质，较好地克服了现有位次流动性测度指数的缺点；

（2）基于收入份额变动视角，对相对收入流动性的测度方法进行了扩展和补充，提出了新的收入份额流动性指数，新提出的指数不仅满足份额变动敏感性，还可以从社会伦理的角度分析收入流动是否为社会合意的；

（3）在绝对收入流动性的测度方法上，从关注低收入家庭的视角出发，提出了一组偏向低收入家庭的绝对收入流动性指数，可以分别用来测度无方向的绝对收入流动性与有方向的绝对收入流动性，以对现有的绝对收入流动性测度方法进行补充；

（4）基于收入分配失衡及福利变动视角的流动性测度方法上，本书建立一个基于收入分配失衡及福利变动视角的流动性测度理论框架，开创性地提出从长期贫困变动视角及长期收入极化变动的视角对收入流动性进行测度的方法，并给出了一个不同的长期收入计算方法。此外，还提出了一个基于长期不平等变化的收入流动性指数进行分解的方法。

3. 本书利用多个微观数据库，从更长时间、更多维度对我国家庭收入流动性的动态变化及趋势特征进行了较为系统的研究，并比较分析了分城乡、分地区的收入流动性差异及特点，较为全面地揭示了我国家庭收入流动性的状况。

4. 关于收入流动性因素研究，目前国内学者主要采用无序多分类 Logistic 单层模型进行实证分析，值得注意的是，这样的模型忽略了数据结构上的嵌套性，即家庭嵌套于社区单元中。就统计推断来讲，如果数据存在结构上的嵌套性，单层模型通常会低估参数的标准误，进而高估变量的显著性导致统计检验失效。基于此，本书创新性地将多层多项 Logit 模型应用于收入流动性的影响因素分析，从家庭和社区两个层面上探索社区特征、家庭特征、户主特征及其交互效应对收入流动性的影响作用。

第二章

收入流动性内涵与实证研究的文献综述

在经济学研究领域中，生产问题和分配问题始终占据着重要地位。其中，前者是人类社会生存和发展的最基本的实践活动，关乎“经济增长”，核心是效率，而后者主要同“经济增长成果的分享”有关，是社会再生产的一个重要环节，涉及的主要是公平与公正。按照亚当·斯密（1776）的观点，经济增长依赖于人们的普遍分工与合作，而人们自愿参与这种分工与合作的前提是能够在分工合作中取得恰当的报酬，也就是说，分配由生产决定，同时，分配又决定生产。古典政治经济学将分配问题视为经济理论的核心组成部分，其代表人物李嘉图认为“确立这种分配的法则，乃是政治经济学的主要问题”，一个社会的分配制度越公平合理，就越能产生效率激励作用，从而能更快地推动社会生产力的发展。

经济学家对收入分配问题研究的广度和深度在不断拓展加深，不同时期的研究重点不完全相同，主要涉及功能性收入分配与规模性收入分配。起源于斯密、李嘉图等古典经济学家的功能性收入分配主要考察不同生产要素对国民收入的分配份额，涉及初次分配领域，而基于帕累托倡导的、库兹涅茨进一步发扬的规模性收入分配主要以个体或群体最终得到的收入水平和收入差异为考察对象，不仅涉及收入的初次分配，更包括收入再分配，关注的是国民收入在分配后究竟使哪些人受益、哪些人受损，与个人或家庭的生活水平及生活质量密切相关。在规模性收入分配领域，早期研究的大部分结论是根据截面的静态分析得到的，例如，特定年份的收入水平、贫困发生率、收入不平等程度等。随着微观收入数据可获得性的提高，近年来出现了新的研究趋势，最为关键的就是引入时间维度，将视角从单期静态分析转向跨期动态研究，这就涉及收入流动性问题。

第一节　收入流动性的内涵

“流动性”原本是社会学家用于分析社会结构变迁的基础性工具，后来被引入到经济学研究领域用以考察收入分配状况的演变模式。相对于收入不平等而言，收入流动性的概念要复杂很多，不同学者对收入流动性的实质和价值判断不同，关于收入流动性并未形成一个统一的定义，收入流动性的英文表述也有不同方式。一般个体收入变动时多用“income change”，说明两个收入分布的综合变动时用“income movement”较多，而当说明收入变动对长期不平等和社会福利的影响时，“income mobility”较为常见，但是所有的理解都是基于这样的认识，即收入流动性关注的是经过一段时间以后特定群体内个体收入所发生的变动情况，跨期研究是其主要特点（洪兴建，2010）。Atkinson et al.（1992）指出，人们对收入流动性的关注不外乎两种目的：一种是由于收入流动性是“开放的”或“流动的”社会的一种标志，在开放的社会中人们不会受到出身的制约，收入流动性本身就是一个独立的追求目标；另一种将收入流动性作为工具目标来考量，因为它可能对收入失衡或社会福利产生影响。

在收入流动性的理论框架内，即使同一群体两个不同年份的收入分布形态完全一致，只要收入分布中相同位置上的个体不完全一致，就意味着收入分配格局发生了变化。关于收入流动性的概念，尽管学术界产生了一定的共识，但也不乏争议，Fields（2006）认为收入流动性是一个多元概念，需要区分六个不同的方面：（1）非时间依赖的收入流动性，指当期收入对过去收入的依赖程度，依赖性越小说明收入流动性越大；（2）基于收入位置变动的流动性，指个体收入在前后两期收入分布中位置的变动，这里的位置包括各种分位数、所在收入等级以及收入的具体位次等；（3）基于收入份额变动的流动性，指个体的收入在总收入中所占份额的变动；（4）无方向的收入流动，又称为收入通量的变动，指个体收入水平波动的大小，且将收入的增减同等看待；（5）有方向的收入流动，意味着收入水平的变动是有方向的，对收入的增减区别对待；（6）作为长期收入均衡器的收入流动，指收入流动将会影响长期收入不平等，较大的收入流动从长期来看会使收入分配更加平等。

上述六个方面的流动性按照其性质特征又可以进一步归并为三类：其中，非时间依赖的收入流动性、基于收入位置变动的流动性和基于收入份额变动的流动性这三种收入流动都是从相对视角定义的，属于相对收入流动性范畴；无方向的收入流动与有方向的收入流动是从收入的绝对水平变动视角定义的，随着经济的扩张、收入的增长，许多经济体的绝对收入流动性都是在提高的，其往往体现了经济增长的成分，属于绝对流动性范畴；而作为长期收入均衡器的收入流动性更关注收入流动性对收入不平等及社会福利水平的影响，属于福利主义范畴。以下关于收入流动性内涵的论述分别从这三个方面依次展开。

一、相对收入流动性的内涵

随着收入不均问题愈演愈烈，越来越多的人开始关注个体在多大程度上会被限制在自己所在的收入阶层中或者个体在多大程度上可以上升到更高的收入阶层，从而涉及相对收入流动性问题。从非时间依赖、收入位置的变动以及收入份额的变动出发对收入流动进行定义和测度的研究都属于相对收入流动性的研究范畴。

（一）非时间依赖意义上的收入流动性

在收入流动分析中，当个体现在的收入被过去收入所决定时，时间依赖就发生了，时间依赖可以理解为一种特定形式的收入不流动，非时间依赖即意味着收入发生了流动。对非时间依赖收入流动性的研究一般可以分为两种情况，一种是代际间收入流动，即子代的收入在多大程度上由父代的收入情况所影响和决定，通常用β系数方法测度，即对子代与父代的对数收入进行回归后得到；另一种情况用于分析代内收入流动，研究当期个体的收入在多大程度上依赖于其过去的收入，通过相关系数或收入转换矩阵方法测度，本书主要关注代内的收入流动。早期从非时间依赖意义上对收入流动性的测度更多的是借助相关系数来进行，包括两期收入水平的相关系数及两期收入位次的相关系数，Atkinson et al.（1992）称这种测度方法为“收入流动性的直觉测度”。通常，相关系数越接近1，表示正的时间依赖性越大；相关系数越接近 -1，表示负的时间依赖性越大；相关系数越接近0，表示时间依赖性越小，即收入流动性越大。

如果一个社会中个体当期的收入与过去收入相关性越小，从非时间依赖角度来看，其收入流动性越大，通常认为这种情形下的社会开放程度越高。无论对结果不平等的态度如何，机会平等原则是受到广泛支持的，也就是说，如果个体的收入由其能力和努力程度决定，而非完全由其出身决定，就意味着社会中的收入机会更公平，从这个角度来说，更大的收入流动性是社会需要的。在实证研究中，Thatcher（1971）、McCall（1973）、Schiller（1977）依据两期收入的相关系数对收入流动性进行测度；Hart（1976a，1976b，1981，1983）在两期收入对数的相关系数的基础上构造了Hart指数，对收入流动性进行分析；D'Agostino和Dardanoni（2009a）依据两期收入位次的相关系数对流动性进行度量。基于相关系数的收入流动性测度，更多反映的是从非时间依赖的角度对收入流动性进行测度。此外，可以通过构建收入转换矩阵进而计算χ^2统计量来衡量非时间依赖意义上的收入流动性。

基于收入转换矩阵对非时间依赖意义上的收入流动性进行测度时，主要关注末期收入的所在位置由基期所在位置决定的程度。当所有个体的相对位置都保持不变，意味着所有个体当期收入的位置完全由过去收入的位置所决定，如果用五分组转换矩阵度量收入流动的程度，转移概率p_{ij}表示基期第 i 个阶层转向报告期第 j 个阶层的概率，此种情形下的收入转换矩阵是一个单位阵，主对角线上的元素都为 1，非主对角线上的元素都为 0，如P_1所示：

$$P_1 = \begin{bmatrix} 1 & 0 & 0 & 0 & 0 \\ 0 & 1 & 0 & 0 & 0 \\ 0 & 0 & 1 & 0 & 0 \\ 0 & 0 & 0 & 1 & 0 \\ 0 & 0 & 0 & 0 & 1 \end{bmatrix}$$

此时，所有个体收入的位置在两个时期的收入分布中都保持不变，报告期的位置完全依赖于基期的位置，P_1的这种状态称为完全正的时间依赖。与此相关的是完全负的时间依赖，即所有个体报告期收入的位置与基期完全颠倒，例如，基期最穷的人在报告期变为最富的人，而基期最富的人在末期变为最穷的人，此时的收入转换矩阵副对角线上的元素都为 1，其他元素均为 0，如P_2所示：

$$P_2 = \begin{bmatrix} 0 & 0 & 0 & 0 & 1 \\ 0 & 0 & 0 & 1 & 0 \\ 0 & 0 & 1 & 0 & 0 \\ 0 & 1 & 0 & 0 & 0 \\ 1 & 0 & 0 & 0 & 0 \end{bmatrix}$$

P_2情形的两期收入的位置也与时间相关，只不过是完全负相关。实际的收入转换矩阵与这两种矩阵越接近，从时间依赖的意义上看，收入越缺乏流动。

另一种情形是完全非时间依赖，即报告期个体收入的位置与基期收入的位置在时间上完全无关，从非时间依赖角度来看，此时的收入流动性最大。如果用五等分组收入转换矩阵表示，此种情形下所有的转移概率都是 0.2，如P_3所示：

$$P_3 = \begin{bmatrix} 0.2 & 0.2 & 0.2 & 0.2 & 0.2 \\ 0.2 & 0.2 & 0.2 & 0.2 & 0.2 \\ 0.2 & 0.2 & 0.2 & 0.2 & 0.2 \\ 0.2 & 0.2 & 0.2 & 0.2 & 0.2 \\ 0.2 & 0.2 & 0.2 & 0.2 & 0.2 \end{bmatrix}$$

P_3这种矩阵结构表示当期收入与过去收入在时间上完全无关，又称为时间独立性，即不管基期的收入位置如何，末期的各收入阶层中都有相同数量的个体，如果用转换矩阵表示，则转换矩阵的各行元素都相同。从非时间依赖意义上讲，一个经济体真实的收入转换矩阵与这种结构越接近，收入流动性越大。

（二）收入位置或份额变动意义上的流动性

著名经济学家 Schumpeter（1955）曾用“宾馆模型”比喻收入流动性：收入分布就像一个有着多层楼房的宾馆，假定地下室是破旧的小房间，中间楼层房间的质量和设施较好，顶层房间的质量和设施最好，条件设施不同的楼层对应于收入分布中的各收入阶层，即楼层越高代表所在的收入阶层越高，在给定的时间内，每个房客根据自己的收入状况选择相应的楼层入住，然后假定经过一段时间（比如 5 年或 10 年）之后，再去观察这些入住的房客，就会发现原来住在较低层或地下室的房客可能搬进了更高的楼层，而原来住在较高楼层的房客可能搬进了较低层的房间，同一批房客在不同楼层之间的搬动可以视为收入流动性。当然 Schumpeter 的比喻中隐含了特定的假设，即各层房间的质量和设施是恒定不变的，也就意味着经济体中不存在收入增长。一般说来，如果收入流动性较强，则意味着人们的相对收入地位变化较快，反映经济机会相对平等，反之，如果收入流动性较弱，则反映人们的相对收入地位较为僵化，容易出现“富人永远富，穷人一直穷”的收入固化格局。从这个角度理解，收入流动性是一个相对意义上的概念，也是一个社会收入机会是否公平的标志。

如果衡量个体在前后两期收入分布中排序位置的变动或收入份额的变动，就涉及收入位置或份额流动性。收入位置流动性指特定群体的收入在不同时期的收入分布中相对位置的变动程度，这里的位置包括各种分位数（如五分位数、十分位数、百分位数等）、组别及具体的位次等。位置流动性实质上是在收入分布中个体间收入位次的交换，即收入分布的重排序，又称为交换流动性，而收入份额流动性指个体所占收入份额的变动。当个体两期的收入水平变动能够改变其在收入分布中的相对位置或所占份额时就会产生相应的流动性，而当所有个体收入水平发生等比例变动时，则从位置或份额流动性角度来看并不存在收入流动性。

一般认为，位置或份额流动性具有以下三个方面的特征：第一，依赖性，指任何特定个体的位置（份额）变动都取决于其他个体的位置（份额）变动情况。也就是说，每个个体的初始位置（份额）和最终位置（份额）受社会中其他个体位置（份额）变动情况的影响，这一点，其他视角定义的收入流动性都不满足。第二，与之相关的，位置或份额流动性具有方向性，向上流动与向下流动构成流动的两个方向。如果有个体发生了向上流动，就必然有个体往下流动，也就是说，如果有一个个体的位置（份额）上升了，至少还有另外一个个体的位置（份额）发生了下降。从一定程度上说，收入位置流动与收入份额流动都是一个“零和游戏”，即如果有人向上流动，就必定会有另外的人不得不向下流动，或者说有人收入份额增加，就必定会有人收入份额发生下降。同时，不可能所有个体都向上流动或所有个体都向下流动。第三，收入流动性为 0 对应的状态，是在两期收入分布中所有个体的相对位置（份额）都保持不变，此时称为完全的位置（份额）不流动。

收入位置变动的流动性是相对收入流动性的重要组成部分，通常基于收入转换矩阵或收入位次变动的指数方法对其进行测度。转换矩阵是测度相对收入流动性的一个重要工具，转换矩阵中的不同收入等级对应着宾馆中的不同楼层。如果认为微小的收入位次变动可以忽略，只关注收入所在的等级或组别变动，可以使用收入转换矩阵测度流动性的大小，而基于收入位次变动的指数方法则包含了更多的变动信息。对收入份额变动的流动性进行测度时，特定群体的收入份额流动性则往往通过群体中所有个体经历的收入份额变动的和函数来测度。

在收入位置流动性的实证研究文献中，Bibby（1975）、Shorrocks（1976）、Shorrocks（1978a）、Bartholomew（1973、1982）、Geweke et al.（1986）、Formby et al.（2004）、Alcalde－Unzu et al.（2006）、Paul（2009、2016）等都试图借助转换矩阵对收入位置变动的流动性进行测度，通常做法是先对收入进行分组并构造收入转换矩阵，然后通过建立公理体系来探讨收入位置流动性的测度指标。此外，Chakravarty（1995）提出用最小判别信息统计量测度位置流动性，Dickens（2000）通过两期收入百分位排序离差的绝对值构建测度指数来衡量收入位次流动性，D'Agostino 和 Dardanoni（2009a）、Bossert 和 D'Ambrosio（2014）用收入位次的变动幅度衡量流动性，Ferreira et al.（2012）通过两期收入位次的离差衡量位置流动性。

即使个体的收入位次不变，其所占的收入份额也有可能会发生变动，收入份额变动意义上的流动性与收入位次变动意义上的流动性不完全一致。相对而言，从收入份额变动视角研究收入流动性测度方法的文献相对较少，Markandya（1982）和 Fields（2010）从个体收入份额变动角度对流动性进行测度，构造了份额流动性指数，Checchi 和 Dardanoni（2002）、Cowell 和 Flachaire（2011）提出了不同的收入份额流动性测度方法。

二、绝对收入流动性的内涵

绝对收入流动性是指所有个体收入水平的跨期变动程度，其更关注个体收入水平相对于自身的变动，而不依赖其他个体的收入变动。根据是否区分收入流动的方向，绝对收入流动性可区分为无方向的绝对收入流动和有方向的绝对收入流动。无方向的收入流动将收入水平的增减同等对待，不区分流动的方向；对于有方向的收入流动，向上流动与向下流动构成收入流动性的两个基本方向，绝对收入流动的方向直接表现为收入水平或人均收入水平的增长与下降。设想对于同一个体，其收入由 1 万元增长到 1.5 万元与 1.5 万元下降到 1 万元应该是有区别的，前者代表收入境况的改善，而后者代表收入境况有所恶化。与相对收入流动性的方向特征有所区别的是，对于绝对收入流动性来说，可能存在所有个体都向上流动或所有个体都向下流动的情况。

从绝对收入流动性的视角来看，只要个体收入水平发生变动就存在收入流动性，而无论个体收入的位次、份额是否发生了变动。从这个意义上说，收入流动性是一个绝对存在的概念，对于 Schumpeter（1955）的“宾馆模型”，如果宾馆整体进行了装修（所有人的收入都提高了相同的倍数），或者对某些楼层的客房进行了装修（某些人的收入水平有所增加但不足以改变整体的排序），也是存在收入流动的。对于某一个体而言，其绝对收入水平可能增加也可能减少，所有个体的流动性之和即为整个社会的收入流动性。

当收入分布中所有个体的收入水平都不发生变动时，绝对收入流动性为 0，但因为收入增长没有上限，所以绝对收入流动性不存在最大值。当每个个体的收入水平都提高相同的倍数，即使在收入分布中所有个体的相对位置保持不变，从绝对收入流动性的角度出发，也是存在流动性的，正如 Fields 和 Ok（1999）指出的，考虑两种收入变动情况：（1，2）→（100，200）和（2，4）→（200，400），从相对流动性视角来看，这两种情况下的收入流动性程度是相同的，但从绝对收入流动性视角来看，第二种情况的收入流动性要高于第一种情况，如果收入越高意味着福利水平越高，则第二种情况的收入流动带来了更大的福利改善，这就需要一个指标能够区别上述两种情况，而这恰好是绝对收入流动性指标的优势所在。绝对收入流动性可以弥补相对收入流动性在衡量居民福利变动时的不足，为全面定量地揭示收入流动性提供了多元化的视角。

关于绝对收入流动性测度方法的研究，Fields 和 Ok（1996，1999a）最先提出了测度绝对收入流动性的公理化方法，是绝对收入流动性测度方法研究的重要文献，Mitra 和 Ok（1998）对 Fields 和 Ok（1996）的方法进行了扩展。D'Agostino 和 Dardanoni（2009b）在构建的公理体系基础上提出了欧氏距离函数、Schluter 和 Van de gaer（2011）提出了指数距离函数，他们都尝试从绝对视角对收入流动性进行测度。此外，关于不同收入个体的权重，Demuynck 和 Van de gaer（2012）从关注低变动个体的角度出发，对收入变动较小的个体赋予更大的权重，而 Jenkins 和 Van Kerm（2011）、Genicot 和 Ray（2013）、Palmisano 和 Van de gaer（2016）则认为应对基期收入水平较低的个体赋予更大的权重，他们分别在各自提出的公理体系基础上构造了相应的绝对收入流动性测度方法，丰富了绝对收入流动性测度理论的研究。

三、基于收入分配失衡及社会福利变化的收入流动性的内涵

经济学家们关注收入流动性的初衷是研究其在长期收入分配过程中所起的作用，收入分配的动态变化使得长期内的分配结果相对于短期更加平等还是更加不平等，即收入流动性是否有利于长期收入的均等化。Friedman（1962）认为，对于年收入分布相同的两个经济体，如果一个有着较大的相对收入流动性，特定家庭在收入分布中的位置每年都有较大变化，而另一经济体有着很大的刚性，每个家庭每年都处于同一位置，那么从长期视角来看，第二个社会无疑是更加不平等的。不难理解对于两个人的经济单位，第一年的收

入分布为（1，0），第二年的收入分布为（0，1），单从每一年来看，收入差距都是很大的，但是如果把两年作为一个整体来看，两人的收入都是1，收入是均等的。由于收入流动性在本质上有助于保障收入机会的均等性，可以使收入分配在长期内达到平等状态，从这个意义上说，收入流动性有助于实现长期的收入均衡。如果人们认为自己在收入阶梯上的位置正在攀升，那么他们或许不会那么关注当前收入不平等的程度，Krueger（2012）也指出，如果一个社会具有较高的收入流动性，则对于单一年份的收入不平等程度也不必过于担忧，给定时期内的收入不平等问题可能就没有人们想象的那么严重，收入流动性会自动发挥降低长期收入不平等的作用。

最早提出从收入不平等变化的视角对收入流动性进行测度的是Shorrocks（1978b），他用长期收入不平等程度与年收入不平等程度的加权平均值的比值来衡量收入流动性的大小，发现由于存在收入流动，长期收入的不平等程度小于给定年份收入的不平等程度，认为收入流动性对长期收入的不平等具有明显的缓解作用，进而提出了收入流动性作为长期收入均衡器的概念。随后，Atkinson et al.（1992）、Jarvis和Jenkins（1998）也提出了收入流动性作为长期收入分配的均衡器的说法。Shorrocks（1981）、Maasoumi和Zandvakili（1990）、Burkhauser和Poupore（1997）、Maasoumi和Trede（2001）、Schluter和Trede（2003）对Shorrocks（1978b）提出的测度方法进行了更详细的探讨、改进并加以应用。对Shorrocks（1978b）测度方法的改进沿着两个方向进行：一方面，Maasoumi和Zandvakili（1990）、Zandvakili（1992）对长期收入的计算提出了不同的思路；另一方面，Chakravarty，Dutta和Weymark（1985）和Fields（2010）将起始期作为长期收入的对比期，从而丰富和发展了基于不平等变化的收入流动性测度方法。相比之下，从收入不平等变化视角对收入流动性进行测度是出于“工具”的需要，认为收入流动性能够解释长期收入不平等程度的降低，强调快速的收入流动在长期内有助于收入分配的公平化。

此外，福利经济学家更重视对收入流动性的规范分析，认为收入流动性能够带来福利的变化，因而值得人们关注。从现有文献来看，从福利视角对收入流动性进行考察时，通常先假设一个社会福利函数，通过衡量收入流动性对社会福利函数的作用程度来反映收入流动性的大小。如 Atkinson 和 Bourguignon（1982）、King（1983）、Chakravarty et al.（1985）、Dardanoni（1993）、Gottschalk 和 Spolaore（2002）、Creedy 和 Wilhelm（2002）、Formby et al.（2003）、Bourguignon（2011）、Kerbs et al.（2013）、Khor 和 Pencavel（2015）是这一领域的典型代表，他们先后提出要将收入流动性与社会福利联系起来，探讨收入流动性对于社会福利的意义。由于福利经济学家重视收入流动性对于社会福利的影响，不可避免地让他们具有强烈的相对主义倾向。

不同的收入流动性内涵对应着不同的测度方法，正如 Fields（2006）所说，由于研究视角及关注的重点不同，大家所使用的收入流动性指标从根本上来说测量的是概念完全不同的收入流动性，所以收入流动性的测度事实上是一个多面体。现有文献对流动性的研究还没有形成一致、完善的框架，由于收入流动性内涵的多维属性，相应地收入流动性的测度也是多维的，因此存在大量的测度指标。从测度方法来看，基于相对视角及绝对视角对收入流动性进行测度时，公理化方法占据主导地位，即首先探讨收入流动指标应该具有的性质或特征，并据此提出相应的测度指标，而基于长期收入分配失衡及社会福利水平变化视角对收入流动性进行测度时，指标的公理体系相对匮乏，且对于收入分配失衡的变化只注意到了收入不平等的变化，而收入失衡的其他形式，如收入贫困、收入的极化等则很少涉及。应该指出的是，不同的指标在收入流动性的测度过程中各有侧重和利弊，不宜简单地认定某一指标优于另一个。正如 Fields 和 Ok（1999b）所总结的，对收入流动性进行测度时需要考虑三个问题：（1）所关注的收入流动性有何含义？（2）应该选用哪种方法去测度？（3）确定了问题（1）的答案，通过公理化或其他方法，怎样使问题（2）的答案言之成理？迄今为止，对这三个问题的回答仍然是拓展收入流动性测度方法需要遵循的基本原则。

第二节　国外收入流动性的经验研究简述

近年来随着各国收入不平等程度的增加，对收入流动性的经验研究也逐渐引起国内外学者的关注。国外对收入流动性的经验研究起步相对较早，Atkinson et al.（1992）对各国收入流动性的实证研究进行了比较系统的分析和梳理，所以本书不再重复。以下仅对1992年之后不同国家及不同收入流动性含义的主要实证研究成果进行回顾。

一、主要发达国家收入流动性的经验研究

大量研究者对收入流动性进行了测算及国际比较，试图找出本国收入流动性与其他国家之间的差距。一部分学者聚焦于美国与德国收入流动性的比较研究。Burkhauser和Holtz－Eakin（1997）根据美国和德国1982—1988年的劳动收入数据进行分析发现，两个国家位置流动性的整体趋势比较相似且美国的流动性更大，相对而言，德国向上的流动性略大，至于向下的流动性，两个国家间则没有显著差异。Trede（1998）根据1984—1989年美国和德国的收入数据基于核密度估计方法进行非参数分位数回归，分析发现德国的收入流动性更高。Houtenville（2001）利用美国1980—1998年、西德1984—1998年的家庭收入数据进行对比研究，结果发现从相对流动

性视角来看西德的流动性更强，而如果从绝对收入流动性视角来看则是美国的流动性更强。Maasoumi 和 Trede（2001）对美国和德国的收入流动性比较研究发现，在 20 世纪 80 年代中后期，德国作为长期收入均衡器的流动性要高于美国。Formby et al.（2004）对美国和德国 1985—1990 年的个人收入研究发现，美国的位置流动性高于德国，福利视角的流动性计算结果也是如此。Bayaz－Ozturk et al.（2014）根据 1984—2006 年的美国和德国家庭收入数据分析发现，就作为长期收入均衡器的流动性而言，德国的收入流动性高于美国。

一部分研究将美国与其他发达国家的收入流动性进行比较。Aaverge et al.（2002）对 1980—1990 年美国、瑞典、挪威、丹麦的流动性进行比较，结果发现四个国家的收入流动性模式非常相似，进行国家间的比较时根据不同的收入指标测算出的收入流动性排序则不完全一致，流动性对降低长期收入不均等程度的作用有限。Daly 和 Valletta（2008）对 1979—1999 年美国、德国、英国男性户主的收入流动性进行分析发现，相对而言，美国的收入波动最大，德国的收入较为稳定。Chen（2009）分别从相对视角、绝对视角及福利视角对 1991—2001 年美国、德国、加拿大、英国四个国家的收入流动性进行了对比分析，发现英国的收入流动性最高，至于收入流动性最低的国家，不同收入流动性含义的结论并不一致。

一部分学者致力于欧洲国家之间收入流动性的差异对比研究。Ayala 和 Sastre（2008）对英国、法国、德国、意大利和西班牙五个欧洲国家 1993—1997 年的家庭收入流动性分析表明，从绝对收入流动性视角来看，西班牙和意大利的流动性最大，法国的流动性最小，从福利视角计算的收入流动性结论也是如此。Van Kerm 和 Alperin（2010）用欧洲 26 个国家 2003—2007 年的个人收入数据进行分析发现，绝对收入流动性与基期收入水平成反比，收入水平较低的国家经历了更大的绝对收入流动，相对视角的收入流动性与收入水平高低及收入不平等程度之间不存在显著关系。Sologon 和 O'Donoghue（2009、

2010）对14个欧洲国家1994—2001年的男性工资数据分析发现，不同视角的收入流动性结果并不一致，位置流动性的分析结果显示卢森堡的收入流动性最低，丹麦是位置流动性最大的国家，而由于流动性的存在，葡萄牙的长期收入不平等程度比基期不平等程度更高，位置流动性最大的丹麦并不是长期收入均衡化程度最高的国家。也有研究将美国的收入流动性作为参照系加以对比，如斯堪的纳维亚（Fritzell，1990；Aaberge，1996）、德国、英国、比利时与荷兰等中欧国家（Dirver，1996；Burkhauser，Holtz-Eakin和Rhody，1997；Burkhauser和Poupore，1997；Burkhauser，1998；Fabig，1998；Schluter，1998；Schluter和Trede，1999），结论是欧洲主要国家的收入流动性与美国相比，略微偏低但不存在明显差异。

也有相当数量的文献关注于某一发达国家或地区的收入流动性研究，从不同视角使用不同的方法对不同时间段上的流动性进行测度比较。Bradbury（2009、2011）根据美国1967—2004年、1969—2006年的家庭收入数据研究发现，整体上来看，相对收入流动性是在下降的，而作为长期收入均衡器的流动性有所提高；Kopczuk和Song（2010）根据美国社会保障部门1937—2004年的就业登记数据对收入流动性进行了分析，结果发现作为长期收入均衡器的流动性呈下降趋势，而位置流动性的结果则显示，除了第二次世界大战期间有波动之外，其他时间段的位置流动性相当稳定。Jarvis和Jenkins（1998）从相对收入流动视角对1991—1994年英国家庭的收入流动性进行了研究，发现相邻年份间的收入流动性比较大，而Dickens（2000）对英国1975—1994年个人工资收入进行分析发现位置流动性在逐渐下降；Dickens和McKnight（2008）根据1978—2006年英国的从业者收入数据分析发现，1979—1998年的相对收入流动性呈下降趋势，1997—2005年低收入群体向上流动的机会增多，从福利视角来看，20世纪80年代到90年代收入流动性出现了下降趋势，在此阶段长期收入的不平等程度有所上升。Buchinsky et al.（2003）

对法国工人 1967—1999 年收入数据进行的分析发现，不同视角下的流动性测算结果并不一致，非时间依赖、位置流动、份额流动、无方向的收入流动、有方向的收入流动这五个方面的流动性在逐渐减小，而作为长期收入均衡器的流动性并未下降且结果一直为正值。Beach 和 Finnie（2004）对加拿大 1982—1999 年个人收入数据研究表明，就收入位置流动性而言，男性在下降而女性在上升。Raferzeder 和 Winter - Ebmer（2007）对 1994—2001 年澳大利亚的个人收入流动性进行分析发现，相对视角的收入流动性结论与福利视角的收入流动性结论并不一致。总体来看，针对同一个国家进行实证研究时，基于不同收入流动性视角的测度分析往往会得到不同的结论。

二、部分发展中国家收入流动性的经验研究

与发达国家的收入流动性研究相比，由于发展中国家微观收入数据相对匮乏，相关研究起步较晚。Baulch 和 Hoddinott（2000）及 Fields（2008）对发展中国家收入流动性的研究状况进行了梳理，介绍了南非、中国、阿根廷、智利、韩国、印度、秘鲁以及印度尼西亚等发展中国家收入流动性的代表性研究成果。此外，Glewwe 和 Nguyen（2002）对 1992—1998 年越南的家庭的相对流动性进行分析发现，越南实际的收入流动性水平较低，长期收入分配的不平等程度应当引起重视。Luttmer（2002）根据俄罗斯 1994—1998 年、波兰 1993—1996 年的家庭收入进行分析发现，剔除了测量误差和暂时性冲击之后，两国的收入流动性水平都非常低，均存在较高程度的长期不平等和持续贫困现象。Nissanov（2017）对 1992—2008 年俄罗斯的研究发现，从相对收入流动视角来看，相对于低收入阶层而言，高收入阶层的收入流动性更大，对于中等收入阶层的家庭而言，一旦其脱离了中等收入阶层，向下流动的可能性更大；从绝对收入流动视角来看，相对于高收入群体，低收入群体通过收入流动获益更

多。总体来看，由于发展中国家受微观收入数据的制约，研究成果相对较少。

三、收入流动性与收入不平等的关系研究

越来越多的学者关注到收入流动性与收入不平等的关系，研究收入流动是否能促进长期收入的均等化，但实证的结论却并不完全一致。

一些研究显示收入流动性能够促进长期收入均等化，如Burkhauser和Poupore（1997）根据1983—1988年美国和德国的家庭收入数据进行对比研究发现，就作为长期收入均衡的流动性而言，德国的流动性高于美国，美国的长期收入不均等程度更高，即收入流动性促进了长期收入的均等化。Jarvis和Jenkins（1998）对英国1991—1994年的个人收入研究结果表明，长期收入不平等程度明显小于短期不平等，较大的收入流动促进了长期收入的均等化。Buchinsky和Hunt（1999）基于美国1979—1991年的数据分析发现，个人收入相对位置的变动在长期内可以显著降低收入不平等程度，而且不同收入阶层间的流动促使工资不平等程度降低了12%—26%。Gottschalk和Smeeding（2000）认为，尽管美国的不平等程度相当高，但是考虑到收入流动性的调节作用，美国的长期收入不平等程度得到了有效改善。Alesina和Francesc（2006）的研究发现，美国社会具有更高的向上流动性，这是美国居民对收入不平等的容忍度远高于欧洲居民的重要原因。Hungerfo（2011）利用美国20世纪80年代和90年代的数据，发现了收入流动是长期收入均等化的主要原因。OECD（2016）对24个OECD国家2004—2011年的个人收入研究表明，与固定年份的收入不平等程度相比，由于流动性的存在可以使生命周期内的不平等程度平均下降约25%。

而另一些研究则显示，在一些国家，收入流动性并没有发挥降

低长期收入差距的作用。Gangl et al.（2008）对1992—1999年美国、德国和瑞典的研究发现，美国的收入流动性最高，而这种流动性并没有发挥降低收入不平等的作用，美国的长期收入不平等程度显著高于德国和瑞典。Van Kerm和Alperin（2010）对欧洲26个国家收入流动是否促进了长期收入的均等化的研究发现，不同国家的结论并不一致。Fields（2010）研究发现，收入流动性在20世纪70年代降低了美国的长期收入差距，而在20世纪80年代和90年代扩大了长期收入差距，1967—1999年期间法国的收入流动性一直发挥着缩小长期收入差距的作用。

四、收入流动性的影响因素研究

关于收入流动性的影响因素，部分学者进行了深入研究。如Fields et al.（1999）认为经济增长以及转移支付、分配等因素会影响收入流动性；Benabou et al.（2001）、Grawe（2003）认为信用不足或工业化本身可能导致发达国家和发展中国家出现较大的收入流动性差异；Albornoz et al.（2002）在研究阿根廷20世纪90年代的收入流动性时认为教育对提高收入流动性很有帮助；Woolard et al.（2005）对南非人口最多的城市Kwazulu－Natal的家庭1993—1998年的收入流动性分析表明人口、教育及就业是影响收入流动性快慢的主要原因。

此外，也有学者从其他研究视角对收入流动性进研究，包括性别收入流动性（Gang，Landon－Lane和Yun，2003）、年龄收入流动性（Morley，Robinson和Harris，1998）和移民收入流动性（Hammarstedt和Palme，2006）等。

总体来看，研究者们从不同的视角对收入流动性进行了卓有成效的经验研究，并对测算结果进行国别与时序比较，取得了大量的阶段性成果，为相关的政策制定提供了一定的依据。

第三节　中国收入流动性的经验研究综述

由于早期中国居民收入微观追踪调查数据缺乏，相关数据库构建工作开展较迟，因而针对中国收入流动性的研究起步较晚。相对来说，国内涉足该领域的学者相对较少，国外学者对中国收入流动性的探讨与研究起到了引领作用。

一、收入流动性变动趋势的研究

美国康奈尔大学社会学系教授 Nee（1996）最早关注到中国的收入流动性问题，他根据中国预防药物研究所的调查数据对中国农村家庭收入流动性进行的分析发现，随着向市场化的过渡，20 世纪 80 年代中国农村居民的相对收入流动性较为明显，原有的收入分层有较大改变。Nee 和 Liedka（1997）的分析指出，在收入流动加快的同时，由于中国农产品市场贸易条件不断恶化，在一定程度上抵消了收入流动对农村长期收入不平等的缓解作用。Khor 和 Pencavel（2006）利用中国家庭收入调查（CHIPS）1995 年的城镇个人收入数据从相对视角分析了 20 世纪 90 年代上半期的位置变动和非时间依赖意义上的收入流动性，并与同期的美国进行了对比，发现中国的收入流动性更大，并且中国低收入群体的收入增长幅度更大。Khor 和 Pencavel（2007）又根据 CHIPS1995 的家庭收入分析了家庭等价人均收入的流动性，并与美国进行对比，发现中国家庭的收入流动性更大且中国城镇家庭的流动性要高于农村家庭，而美国的收入流动性在城镇与农村之间并无显著差异。随后 Khor 和 Pencavel（2008）根据 CHIPS1995 和中国健康与营养调查（CHNS）1993 年、

1997年家庭收入数据，从相对视角和福利视角分析了家庭等价人均收入的流动性，发现在此期间中国的收入流动性呈上升趋势且城镇家庭的收入流动性要高于农村家庭，相应的，收入流动性给城镇家庭带来了更多的福利增长。Paul（2009）提出了一个新的相对流动性指数，他在Khor和Pencavel（2006）测算出的收入转换矩阵基础上对比了中国与美国城镇个人收入流动性，发现与美国相比，中国的流动性水平高出了约80%；与男性相比，女性的收入流动性更大，两个国家都是如此。

国内学者对收入流动性的研究起步较晚，大多是应用国外已有的测度指标来考察收入流动性水平的大小及其变动趋势，且研究的结论并不一致。

有些学者认为我国的收入流动性在减弱。如王海港（2005）根据CHNS1989—1997年期间4期的家庭总收入数据，从相对视角分析了位置变动的收入流动性，认为整体而言收入流动变慢了。杨俊和黄潇（2010）使用CHNS1989—2006年数据从相对视角、绝对视角和福利视角分析了家庭人均收入的流动性，认为从位置变动及绝对收入流动来看，城市和农村的收入流动都经历了先上升后下降的过程，转折发生在2000年前后，从收入份额变动角度看，城市的收入流动性上升了，农村的收入流动却下降了；总的来说，期间收入流动性的下降产生了“穷者越穷、富者越富”的马太效应。严斌剑等（2014）根据农业部农村固定观察点1986—2010年的农村家庭调查数据的分析认为，无论是从绝对视角还是从相对视角来看，中国农村人均家庭收入流动性在波动中呈下降趋势，虽然不同流动性指标在某些年份会有差异，但整体趋势是下降的。尹恒等（2006）根据CHIPS1995年和2002年两次调查数据对城镇个人收入流动性进行的分析认为，无论从相对流动性视角采用转换矩阵的方法还是从福利视角分析长期收入的不平等变动情况，结果都显示城镇个人的收入流动性出现了显著的下降趋势，由于收入流动性的降低使得收入阶层趋于僵化。罗楚亮（2009）根据CHIPS1995年与2002年两次调查数据从相对流动性视角进行的分析认为，城镇家庭的收入流动性呈明显的下降倾向。王洪亮等（2012）根据CHNS1989—2006年的调查数据从相对视角分析了家庭等价人均收入位置变动的流动性，认为中国居民收入流动性总体上在下降且呈"U"形变化，20世纪80年代末流动性最强，2004年后次之，20世纪90年代末至21世纪初流动性最弱。杨穗和李实（2016、2017）根据CHIPS1995—2013年家庭收入数据对家庭人均收入的流动性分析认为，自20世纪90年代以来，尽管2007—2009年城镇家庭收入流动性有短暂回升，但整体呈逐步下降趋势，而农村家庭收入流动性在1993—2009年呈上升趋势，但2011—2013年出现大幅下降。

另一些学者认为我国的收入流动性在增强。章奇等（2007）根据农业部农村固定观点1987—2002年的调查数据分析发现，最为贫困的25%的人口其收入向上的流动性在逐渐上升，收入差距反映了过去处于低收入组而今天攀升到高收入组家庭的收入变化。王朝明和胡棋智（2008）根据CHNS1989—2004年数据基于相对视角、绝对视角和福利视角从全国及城乡两个层面分析了家庭人均收入的流动性，测算结果显示1991—1997年收入缺乏流动，2000—2004年收入富于流动。张立冬（2013）根据CHNS2000—2009年的数据分析了家庭人均收入的流动性，结果显示从绝对视角来看表现出先下降后上升的趋势，农村居民的收入流动性高于同期城镇居民，而牛晓健等（2014）根据同期数据分析认为此阶段农村居民收入流动性较高是由于农村居民获得了更多改变收入现状的机会。权衡（2015）根据CHNS1989—2006年的数据分析发现，1997—2000年的收入位次缺乏流动，而2000—2004年的收入位次富于流动，且绝对收入流动性与收入位次的变动表现出一致性。

此外，王洪亮（2009）根据国家统计局发布的28个省/市农民纯收入和城镇居民可支配收入1978—2005年的面板数据从相对视角构造了一个新的位置流动性指数分析了区域收入流动性，发现区域居民收入流动性越来越低，但不同地区的流动性强弱有别，具体表现为东部高于中部，中部又高于西部。艾小青（2016）根据2006—2013年的31个省/市城镇职工平均工资从相对视角分析了区域居民收入流动性，结果发现用各种方法度量的收入流动性都很低且收入流动性的波动没有明显的升降趋势。

二、收入流动性与收入分配失衡关系的研究

国内学者中，权衡（2005a）在收入流动性方面所做的研究相对较早，他对收入流动性理论进行了较为系统的介绍，并指出收入流动性有助于改善收入不平等的状况。王海港（2005）根据CHNS1989—1997年期间4期的家庭收入分析发现，收入流动性都有助于长期收入分配的平等，20世纪90年代中后期在农村和城镇这种作用大幅减弱，但在城市有所增强。孙文凯等（2007）使用1986—2001年6省农户的面板数据的研究认为收入流动性起到了降低长期收入差距的作用。章奇等（2007）使用1987—2002年10省农户的面板数据，他们的分析认为考虑了收入流动性以后收入差距问题并没有统计指标所体现的那么严重，收入差距的扩大不是原来的富人和原来的穷人之间收入差距的拉大，实质上反映了收入向上流动的那部分人和其他人之间的收入对比。雷欣和陈继勇（2012）根据CHNS1989—2009年的调查数据分析了家庭人均收入的流动性得出了不同的结论，他们认为收入流动性使中国的收入不平等程度趋于恶化。

对现有文献进行梳理发现，关于收入流动性与收入失衡的关系研究，学者们大多从长期收入不平等变动的视角对收入流动性进行分析，且仅采用基尼系数一种收入不平等指数，罕有从长期贫困、长期收入极化等其他收入失衡视角对收入流动性进行研究，收入流动性与收入失衡的关系研究有待进一步深化。

三、收入流动性影响因素的研究

关于中国收入流动性的影响因素，学者们主要从个体的人口学特征及收入来源等方面进行了分析。孙文凯等（2007）基于多元回归模型的分析发现，家庭人口数、受教育程度、是否外出打工及所在省份等因素对农村居民收入流动性都有显著影响。章奇等（2007）通过建立无序 Logit 模型分析表明，教育水平、人口结构特征、政治面貌、农民杂费负担、农村土地转包市场发育等因素对农民相对收入流动性有明显影响。Shi 等（2010）的研究指出，收入水平、教育水平、非农就业和工资收入份额显著影响了农民收入流动性。胡棋智（2010）对中国城乡居民脱离低收入状态的影响因素进行的研究发现，人力资本对于低收入者脱离低收入状态有显著作用，女性低收入者在劳动力市场上更容易处于“显性持续低收入状态”，从区域来看，东部地区的低收入者有更多的机会改善其收入地位。杨俊和黄潇（2010）的研究结论表明，受教育程度较高的个体收入不易向下流动，城市个体尤为显著。王洪亮等（2012）基于有序 Logit 模型的分析发现，家庭收入结构、人口及职业特征对家庭相对收入流动性的影响显著。杨穗和李实（2016）通过无序 Logit 模型的分析表明，家庭收入结构、劳动力就业特征和户主特征对城镇家庭收入流动性的影响越来越突出。不难发现，现有研究基本上都是通过构建单层模型对收入流动性的影响因素进行实证分析，大都没有注意到数据的层次结构。

四、中国收入流动性研究尚可拓展的方向

从已有的收入流动性研究工作来看，收入流动性是一片有待进一步深耕细作的热土。以上仅就收入流动性的内涵及相关实证研究

的一些重要文献进行了简述，考虑到收入流动性的测度方法是本书的核心部分，因而收入流动性测度方法的综述及测度方法的改进将在后文有关章节中重点阐述。

中国收入流动性问题已经引起了研究者的兴趣和关注，现有研究取得了诸多进展，较好地推动了我国收入流动性问题的研究。但是总体上看，我国收入流动性研究还存在一定的局限性和改进的空间，具体表现在以下几方面：

首先，可以充分运用更为全面和完整的居民收入微观数据库。从现有文献数据使用情况来看，分析中国居民收入流动性时所采用的数据库主要有三个：中国家庭收入调查项目（CHIPS）数据、中国健康与营养调查（CHNS）数据、农业部农村固定观察点调查数据。值得注意的是，CHIPS 在城镇调查对象中排除了没有户口的人群，随着这一群体的规模不断扩大，忽视这一群体造成的缺陷会越来越严重；同时，分析收入流动性时，理想的数据应该是面板数据，而 CHIPS 中的家庭收入属于回溯性数据，被调查者被要求根据他们的相关记录来提供既往年份的收入信息，不难想象，根据回忆获得的数据，其准确性往往会成为问题，可能会影响到研究的一些结论。而农业部农村固定观察点的调查样本不包含城镇家庭，故无法反映城镇家庭的收入情况。与此同时，现有文献中基于 CHNS 数据的分析大都反映的是 2011 年之前的情况，2011 年之后收入流动性有何新的变化和特点？以往研究却鲜有涉及。此外，根据某一数据库只考察农村收入流动性或城市收入流动性，都很难从整体上、宏观上比较全面地反映中国家庭的收入流动性状况。克服这些局限性并非没有可能，本书采用更新、更全面的数据分析中国城乡家庭收入流动性，从而将收入流动性的研究拓展到更新的和更大的范围。

其次，可以从更多角度全面综合地测度收入流动性。已有文献大多关注相对收入流动，在为数不多的绝对收入流动性研究文献中，也主要将农村作为研究对象，研究方法也限于绝对距离指数或对数距离指数，基于收入分配失衡视角的流动性研究也仅从收入不平等的变动对收入流动性进行分析，忽视了长期贫困、长期收入的极化变动视角的收入流动性考察。总体来看，已有研究大都从某些视角测度了收入流动性的大小，很难反映中国家庭收入流动性的全貌。本书在对现有测度方法进行拓展的基础上，从相对视角、绝对视角及长期收入失衡及福利变化的视角对我国家庭收入流动性进行较为全面的测度。在测度全国家庭收入流动性的基础上，也对城乡及不同地区家庭的收入流动性进行了比较分析，较为全面地揭示了我国家庭收入流动性的变动特征。

此外，长期收入分配失衡包括长期收入不平等、长期收入贫困及长期收入极化等形式，从国内对于收入流动性的研究来看，虽有学者对长期收入不平等的状况有所涉及，但还没有学者从长期收入贫困及长期收入极化变动的视角对收入流动性进行分析。

最后，可以改进收入流动性影响因素的分析方法。关于收入流动性影响因素的研究，目前国内学者主要采用单层模型进行回归分析，值得注意的是 Chetty et al. （2014，2015）采用美国家庭和社区两层数据的研究发现，居住在不同区域的居民收入流动性差异较大，收入不平等程度低、学校质量高、社交网络发达、社区参与水平较高及家庭结构普遍较为稳定的社区特征更有助于社区内的家庭向上流动，而针对我国收入流动性影响因素的研究大都没有区分数据的层次结构，主要采用无序多分类 Logistic 单层模型进行实证分析，忽略了不同层次上的影响因素差异。就统计推断来讲，如果数据存在结构上的嵌套性，单层模型通常会低估参数的标准误，进而高估变量的显著性，导致统计检验失效。基于此，本书采用多层多项 Logit 模型分析社区和家庭两个层面上的特征及其交互效应对家庭收入流动性的影响。

第三章

中国居民收入的微观数据来源与描述性分析

第一节　收入分配相关的主要数据库简介

一、常用中国微观收入调查数据库概览

在研究收入流动性问题时，高质量的纵向追踪性微观收入数据资源是必不可少的先决条件。在收入流动性概念提出的初期，由于缺乏收入流动性研究所需要的微观面板数据，限制了收入流动性问题的研究，随着近年来微观数据库的丰富，尤其是来自于微观面板调查的数据逐渐变得可以利用，收入流动性的实证研究逐渐成为可能。就中国收入分配研究的数据来源而言，中国国家统计局及各地方统计部门每年发布的统计年鉴无疑是国内最权威的统计数据，以《中国统计年鉴》为例，其中第四篇章的“就业和工资”、第六篇章的“人民生活”是国内外学者用于研究收入分配的主要数据来源。除了国家及各省统计年鉴之外，其他常用于研究收入分配问题的微观数据库及信息见表3－1。

表3－1　　常用的微观收入数据库概览

数据库	样本信息	调查年份
中国健康与营养调查（CHNS）	约4400个家庭的26000个个体	1989年开展第1次调查，分别于1991年、1993年、1997年、2000年、2004年、2006年、2009年、2011年、2015年进行了9次追踪调查
中国家庭追踪调查（CFPS）	2010年的15000户基线家庭成员成为追踪调查对象	2010年开展基线调查，于2012年、2014年、2016年进行了3次追踪调查

续表

数据库	样本信息	调查年份
中国家庭金融调查（CHFS）	2011 年的 8438 户家庭、29000 个个体成为追踪调查对象	2011 年开展首轮调查，于 2013 年、2015 年进行了追踪调查
中国健康与养老追踪调查（CHARLS）	年龄在 45 岁及以上中老年人家庭和个人，约 1 万户家庭的 1.7 万人	2011 年开展基线调查，于 2013 年、2015 年进行了追踪调查
农业部农村固定观察点调查	每年约 2 万户农户	始于 1984 年，每年调查 1 次
中国家庭收入调查（CHIPS）	13000 个农村家庭与 10000 个城镇家庭	分别于 1989 年、1996 年、2000 年、2003 年、2008 年、2014 年进行了 6 次调查
中国综合社会调查（CGSS）	约 10000 户家庭的成员，年龄在 18 至 69 岁	2003 年、2004 年、2005 年、2006 年、2008 年、2010 年、2013 年进行了 7 次调查

研究收入分配问题常用的以上 7 个数据库中，除了中国家庭收入调查（CHIPS）和中国综合社会调查（CGSS）不是依据追踪调查得到的，其他 5 个数据库都是追踪调查，能够匹配成面板数据，可用于收入流动性问题的研究。值得注意的是中国家庭收入调查（CHIPS）虽然不是追踪调查，但在调查过程中对于家庭收入和个人收入项目，要求被调查对象回忆调查年份之前若干年的收入情况，也可以得到短期的收入面板数据。从我国现有的文献来看，研究我国收入流动性问题时，数据来源于中国健康与营养调查（CHNS）、中国家庭收入调查（CHIPS）和农业部农村固定观察点调查这三个数据库的文献居多。

CHIPS 数据不是依据追踪调查得到的，其调查年份之前的 3—5 年的收入数据来自于被调查者的回忆，且不同阶段调查单位的编码完全不同，无法用来分析更长期的收入流动性；而农业部农村固定观察点数据则不包含城镇家庭。为了反映不同时段上中国家庭收入流动性特征，并出于结论的稳健性考虑，本书在研究过程中使用的样本主要来自于三个不同的数据库，即：跨越年份最长的 CHNS 数据库、反映最近年份情况的 CFPS 数据库及以“居民收入分配”为主题的 CHIPS 数据库。

二、中国健康与营养调查

中国健康与营养调查（CHNS）是美国北卡罗来纳大学人口中心与中国预防医学会合作的追踪调查项目，该调查始于 1989 年，目前整理公布了包括 1989 年、1991 年、1993 年、1997 年、2000 年、2004 年、2006 年、2009 年、2011 年及 2015 年共 10 次调查的数据[①]，调查范围覆盖全国不同地理位置和经济发展水平的 8—15 个省份。这十次调查均覆盖的省份包括江苏、山东、河南、湖北、湖南、广西和贵州，辽宁参与了除 1997 年外的八轮调查、黑龙江参与了 1997 年及之后的六轮调查，北京、上海和重庆从 2011 年开始参与调查，浙江、陕西和云南从 2015 年开始参与调查，由于北京、上海和重庆只有 2011 年及 2015 年的数据，而浙江、陕西和云南只有 2015 年的数据，无法匹配成面板数据，本书剔除了这六个省市的调查样本。CHNS 采用多阶段分层整群随机抽样方法，每次调查大约访问 4000 户左右的家庭，城乡比 1∶2，收集了收入、家庭和户主特征以及社区相关信息等数据[②]。

---

① CHNS 报告的数据是延后一年的信息，即 1989 年的数据实际上反映的是 1988 年的情况，1991 年的数据反映的是 1990 年的情况，依次类推。

② 有关中国营养与健康调查（CHNS）的更详细信息见网站：http：//www.cpc.unc.edu/projects/china。

CHNS 数据库在研究家庭收入流动性问题时的优势在于：第一，CHNS 较好地实现了问卷设计的一致性，十轮截面数据可以根据家庭代码匹配成面板数据，能够满足收入流动性分析的数据要求；第二，从时间上看，该数据年份跨度较长，从 1989 年开始调查直到 2015 年，也是我国目前连续调查持续时间最长的数据库之一，十轮数据包括了中国经济发展历程中非常关键的时期，反映了 1988 年到 2014 年中国家庭收入的变迁，是其他微观数据库难以替代的；第三，从地域上看，数据范围覆盖了我国东、中、西部地区，这些省份代表着不同的经济发展水平，从抽样设计及调查方法上看，各调查省份的不同收入水平的家庭基本得到反映，使得 CHNS 数据具有一定的代表性；第四，由于该调查的大样本、面板数据、分层随机抽样等优良性质，且包括详尽的家庭收入状况和人口学特征等方面的数据，成为对个人及家庭收入问题研究的重要数据来源，被学者们从各角度进行反复研究，均接受了其数据的代表性。

但是 CHNS 数据库也存在一定的局限性：一方面，从覆盖范围来看，样本来源省份有限，如西北地区的甘肃、西南地区的四川等典型省份都没有被选入调查范围，缺乏足够的代表性；另一方面，从调查时间来看，各轮调查的间隔年份不同，这为不同阶段收入流动性相互比较增加了难度。

CHNS 调查询问了受访家庭的家庭收入及其组成部分，包括商业收入、种植业收入、林业收入、畜牧业收入、渔业收入、工资性收入及津贴收入。该数据库跨越的时间段较长，适合估计 2015 年之前的收入流动性长期变动趋势。本书在分析时以家庭为基本研究单位，主要采用家庭人均收入进行收入流动性的测度。在数据处理阶段，剔除了负收入及 0 收入的家庭，同时也剔除了没有提供收入信息的家庭。考虑到不同年份收入数据的可比性问题，需要剔除价格因素的影响，CHNS 数据公布了以 2015 年为基准分省份、分城乡进行价格平减后的可比价收入数据[①]，可以直接使用。

三、中国家庭追踪调查

中国家庭追踪调查（CFPS）是由北京大学中国社会科学调查中心实施的一项全国性、综合性的社会跟踪调查项目，旨在通过追踪搜集个人、家庭、社区三个层次的数据，反映中国社会、经济、人口、教育和健康的变迁[②]，2008 年、2009 年在北京、上海、广东三地展开探索性测试调查，2010 年在全国正式实施，其采用三阶段不等概率的系统 PPS 整群抽样方法，先抽取行政性区/县，再抽取行政性村/居委会，最后抽取家庭户，调查规模为 16000 户，2012 年、2014 年以及 2016 年分别在全国范围内进行了追踪调查，反映了 2009 年、2011 年、2013 年及 2015 年的情况，调查对象为被抽取家庭的所有家庭成员，其调查范围覆盖全国除香港、澳门、台湾、新疆、青海、内蒙古、宁夏和海南之外的 25 个省/市/自治区。

CFPS 数据库在研究家庭收入流动性时具有以下优势：第一，对家庭采用多年份追踪调查方式，对于不同年份的家庭收入可以根据家庭识别代码匹配成面板数据，为反映家庭的收入流动性提供了数据基础。第二，样本覆盖范围较广，CFPS 调查的 25 个省/市/自治区的人口约占全国总人口的 95%，因此，其样本可以视为一个全国代表性样本。第三，数据的时效性相对较好，为我们了解和掌握经济新常态背景下的收入流动性趋势特征提供了数据支撑。

CFPS 调查询问了受访家庭的收入和收入的分项构成，包括工资

---

① 具体调整方法见 CHNS 中的“Household Income Variable Construction”说明文件。

② 中国家庭追踪调查（CFPS）更详细的信息见网站：http：//www. isss. pku. edu. cn/cfps/。CFPS 第一期计划为 12 年（2008—2020）。2010 年开始，每年 3—7 月在全国展开实地调查，8—10 月清理数据，11 月至次年 2 月向北京大学及调查合作院校提供数据，次年 3 月对社会公开数据。

性收入、经营性收入、财产性收入、转移性收入和其他收入。对于CFPS收入数据，本书采用了国家统计局发布的分城乡、分省份的CPI对家庭收入进行了平减处理，调整成2010年调查数据的可比价，由于CFPS的数据报告的是延后一年的收入，所以2012年的收入用2011年的CPI进行平减，2014年的收入用2013年的CPI进行平减，依次类推，从而保证了数据在时间和空间上的可比性。需要说明的是，CFPS公布的收入数据包括调整前和调整后两个版本，调整前的收入是根据原始调查数据计算出来的，调整后的收入是考虑了农村家庭自留消费的农产品价值以后计算出来，本书在分析时采用了调整后的收入数据。CFPS数据库的样本量较大且能反映最近年份的收入信息，后文利用该数据库分析我国2010—2016年的收入流动性。

四、中国家庭收入调查

中国家庭收入调查（CHIPS）是由中国收入分配研究院实施、在国家统计局的协助下完成的家庭经济调查项目。该调查的核心主题是“居民收入分配”，是一项专门针对中国收入分配问题进行调查的基础性数据库。CHIPS调查内容涵盖家庭基本情况、家庭所有收入成员的基本情况、工资收入、整个家庭的额外收入等，已相继在1989年、1996年、2000年、2003年、2008年和2014年组织了6次入户调查①，分别收集了1988年、1995年、1999年、2002年、2007年和2013年的收入信息，以及其他家庭和个人信息。除了2000年的CHIPS调查只包含城镇家庭之外，其他年份的数据均包括针对城镇和农村住户的调查。

在调查过程中，由于采用了类似国家统计局的住户调查方法，

① 其中2000年只调查了城镇家庭。

城镇和农村的样本均来自于国家统计局的固定样本库，按照收入水平排序的等距随机抽样方法抽取得到，因此，该数据库的数据与国家统计局公布的数据高度相关，且具有较强的权威性。CHIPS 调查涵盖了我国东、中、西三个区域，除了 1989 年与 2008 年之外，其他年份不仅要求被调查者提供个人特征、家庭特征及当年收入的详细信息，还要求他们回忆以往若干年份的收入情况。其中，1996 年要求被调查者回顾前 5 年收入情况，2000 年和 2003 年要求被调查者回顾前 4 年收入情况，2014 年则要求回顾前 2 年收入情况。由于距离调查年份的间隔时间越长，被调查者记忆造成的数据误差会越大，同时为了与 2013 年的收入年份间隔保持一致，本书在利用 CHIPS 样本进行收入流动性分析时，选择了连续 3 年的收入数据，即采用 1994—1996 年、2001—2003 年、2012—2014 年的三个短面板数据，并剔除了价格因素的影响。

值得注意的是，CHIPS 在城镇调查对象中排除了没有户口的人群，随着这一群体的规模不断扩大，忽视这一群体造成的缺陷会越来越严重，同时，分析收入流动性时，理想的数据应该是面板数据，而 CHIPS 中的家庭收入属于回溯性数据，被调查者被要求根据他们的相关记录来提供既往年份的收入信息，根据回忆获得的数据，其准确性往往被诟病。本书主要利用 CHIPS 数据对 CHNS 及 CFPS 样本的收入流动性趋势进行验证。

由于 CHNS、CHIPS 及 CFPS 调查实际上所反映的均为调查年份上一年的相关信息，为了便于说明和避免混淆，在分析时提及的年份均采用数据的调查年份。严格意义上的收入流动性需要考察同一群体在连续考察期内收入的持续变动情况，本书主要采用 CHNS 与 CFPS 两组样本进行分析，其中 CHNS 样本的样本量为 1147 户，CFPS 样本的样本量为 8640 户，同时在全国层面采用 CHIPS 样本对 CHNS 及 CFPS 的测算结果进行补充验证。在有更好的数据之前，这组数据虽然代表性有限，但这仍然是分析和判断中国家庭收入流动性整体情况目前所能获得的最为理想的数据。

第二节 主要数据库居民收入的描述性分析

一、主要描述指标分析

根据平减后的家庭人均收入数据计算的描述性统计量结果见表 3 －2。

表 3 －2 CHNS 样本家庭人均收入的描述统计

年份	均值	中位数	标准差	变异系数	基尼系数	增长率
1989	2844. 90	2379. 82	2212. 58	0. 78	0. 40	—
1991	2851. 38	2347. 31	2188. 55	0. 77	0. 40	0. 00
1993	3300. 59	2554. 63	2627. 63	0. 80	0. 42	0. 16
1997	4208. 82	3290. 32	3342. 51	0. 79	0. 41	0. 28
2000	5269. 52	4228. 81	4739. 92	0. 90	0. 43	0. 25
2004	6417. 78	4693. 71	6438. 40	1. 00	0. 48	0. 22
2006	7165. 08	5176. 81	9639. 89	1. 35	0. 50	0. 12
2009	11540. 17	8000. 00	15756. 12	1. 37	0. 52	0. 61
2011	12481. 62	9065. 93	12595. 11	1. 01	0. 52	0. 08
2015	18628. 58	12016. 13	28778. 98	1. 54	0. 58	0. 49

注：最后一列的增长率是指家庭人均收入的均值相对表中前一个时间点的增长率。

表 3 －2 的结果表明，家庭人均收入的均值、中位数总体上均呈现出上升趋势，说明近年来我国居民的收入水平不断提高，均值大

于中位数，表明收入分布大致为右偏分布，即大部分人口的收入集中在收入分布的左边，右边存在略长的尾部。与1989年相比，1991年收入的标准差有小幅下降，其他调查年份的标准差、变异系数及基尼系数总体上呈上升趋势，说明收入的绝对差距在逐渐增大；从收入的增长状况来看，1991年及2011年的收入增长率较低，这都与我国的宏观经济走势是一致的。

进一步对CHNS与CFPS两个样本中相近年份的收入数据进行对比可以发现，CFPS样本的家庭人均收入水平低于CHNS样本，CFPS样本中2010—2016年的家庭人均收入的中位数水平均低于CHNS样本中2009年的收入中位数（见表3-3、表3-4）。究其原因，可能是与两个数据库对收入定义上的一些不同及样本覆盖范围差异有关。例如，CHNS明确提问了家庭收入中“其他收入”收入的各细分项，包括“出租家庭财产收入”“独生子女补贴”“燃气、电、煤补贴”“残疾或困难补助”“国内外其他亲友给的钱”等收入，而CFPS没有提问这些收入。同时，CFPS的样本中覆盖了云南、甘肃、广西等经济欠发达省份的家庭，而CHNS的调查样本中不包含这些省份的家庭，这可能在一定程度上会使CFPS样本的平均收入值低于CHNS样本。此外，即使对同一收入提问，不同调查的表述方式不同，也可能对结果造成影响，例如，过于笼统的提问方式有可能会让受访者忘记填报某些收入等。

表3-3　CFPS样本家庭人均收入的描述统计

年份	均值	中位数	标准差	变异系数	基尼系数	增长率
2010	8810.83	5548.44	12296.03	1.40	0.57	—
2012	10274.12	7231.55	12803.08	1.25	0.56	0.17
2014	11341.17	8235.47	14570.83	1.28	0.56	0.10
2016	13906.00	8468.70	43142.98	3.10	0.61	0.23

注：最后一列的增长率是指家庭人均收入的均值相对表中前一个时间点的增长率。

表 3-4　CHIPS 样本家庭人均收入的描述统计

年份	均值	中位数	标准差	变异系数	基尼系数	增长率
1994	2638.09	1633.33	62620.90	23.74	0.55	—
1996	3232.36	2591.00	2799.23	0.87	0.42	0.23
2001	4275.16	3076.50	3931.30	0.92	0.43	—
2002	4590.80	3215.17	4592.38	1.00	0.44	0.07
2003	5103.96	3544.67	4826.62	0.95	0.45	0.11
2012	14924.95	11000.00	14924.81	1.00	0.43	—
2013	16529.09	12500.00	16120.84	0.98	0.42	0.11
2014	18709.45	14106.00	18093.48	0.97	0.42	0.13

注：最后一列的增长率是指家庭人均收入的均值相对表中前一个时间点的增长率。

对 CFPS 与 CHIPS 两个数据库中相近年份的收入进行对比可以发现，CHIPS 收入数据比明显比 CFPS 收入高，以 2014 年为例，CHIPS 数据的均值和中位数比 CFPS 高，但其标准差、变异系数和基尼系数表征收入差距的指标要比 CFPS 更小，这说明 CHIPS 数据的收入不平等程度更小。

图 3-1 直观地反映了三个样本主要年份的家庭人均收入分布情况。对比可以发现，我国的收入分布一直呈右侧较长的偏尾型分布，中低收入家庭比重较大，高收入家庭比重相对较小。随着家庭人均收入水平的提高，收入群体正向分布曲线右侧扩展，随着时间的推移，表征收入分布密度的纵轴数值在逐渐变小，意味着收入分布曲线日渐扁平化。应该说，这些特征与我国居民收入分布的历史变化基本吻合，这都反映出样本具有一定的代表性。

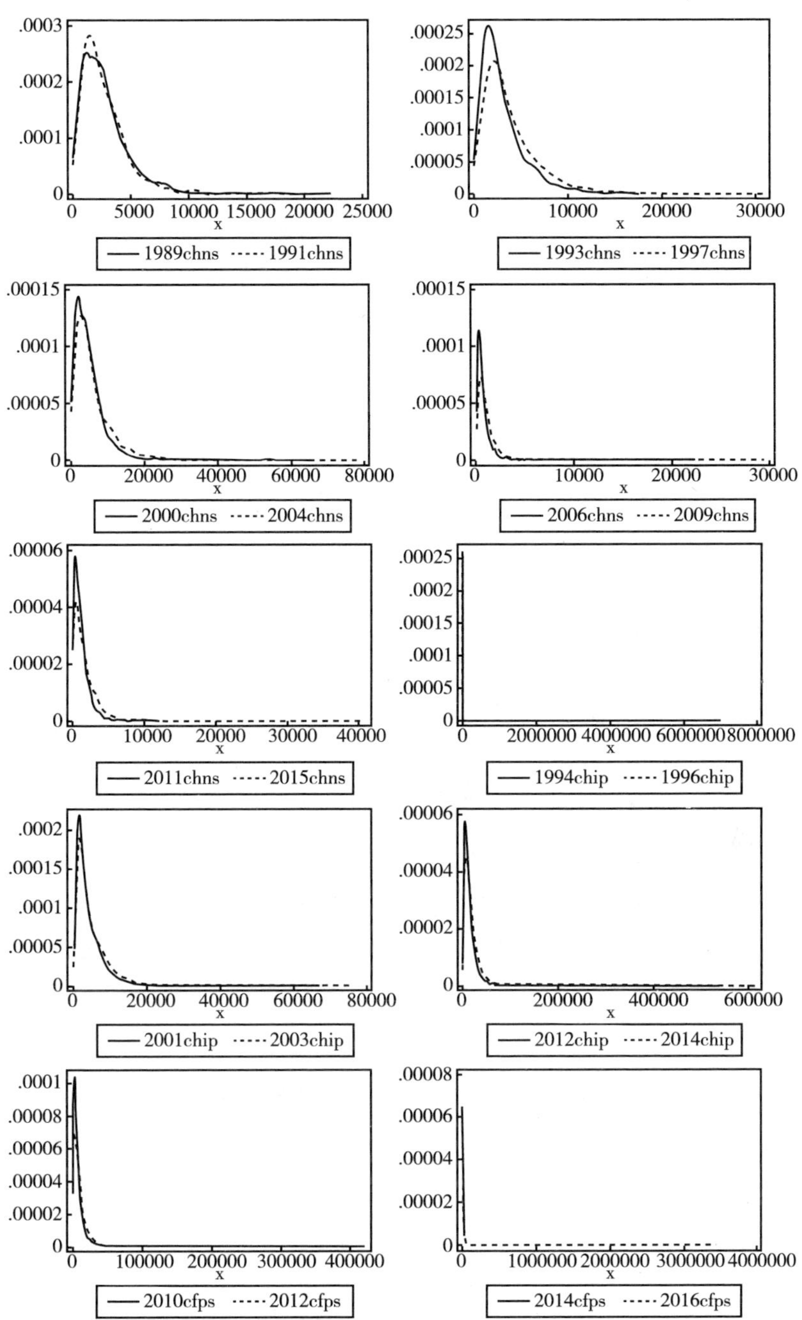

图 3-1　主要年份的家庭人均收入分布

注：横轴是家庭人均收入水平，纵轴为家庭人均收入分布的密度。

二、十分位点的比较分析

表3－5、表3－6、表3－7分别列出了三个样本各调查年份不同分位点上的家庭人均收入变化情况。数据显示，总体而言，随着时间的推移，高分位点上的家庭人均收入变动幅度要远远大于低分位点处家庭人均收入的变动幅度。

表3－5　CHNS样本不同分位点收入变化的比较　（单位：元）

年份＼分位点	10	20	30	40	50	60	70	80	90
1989	724	1148	1481	1955	2380	2784	3362	4131	5427
1991	811	1230	1544	1943	2347	2812	3425	4149	5181
1993	931	1293	1701	2088	2555	3097	3851	4815	6843
1997	1119	1752	2262	2793	3290	3999	4865	6298	8205
2000	1190	1820	2611	3376	4229	5098	6192	7784	10110
2004	1397	2100	3012	3814	4694	5818	7051	9452	12936
2006	1524	2326	3083	4066	5177	6472	8056	10420	14083
2009	2219	3686	5031	6555	8000	9790	12414	15264	22007
2011	1890	3506	5310	7011	9066	11588	14636	18565	25827
2015	2027	4106	6340	8616	12016	15753	19977	26774	36589

表3－6　CHIPS样本不同分位点上收入变化的比较　（单位：元）

年份＼分位点	10	20	30	40	50	60	70	80	90
1994	460	673	919	1235	1633	2050	2500	3100	4094
1996	739	1084	1475	1994	2591	3211	3955	4877	6456
2001	1066	1515	1963	2435	3077	3900	4990	6440	8832
2002	1122	1595	2030	2535	3215	4100	5282	6935	9560
2003	1199	1693	2194	2781	3545	4522	5943	7767	10800

续表

年份 \ 分位点	10	20	30	40	50	60	70	80	90
2012	3750	5481	7143	9000	11000	13500	16667	21667	30000
2013	4167	6075	8000	10000	12500	15000	18750	24000	32650
2014	5000	7000	9250	11667	14106	17373	21141	26800	36667

表 3－7　CFPS 样本不同分位点上收入变化的比较　（单位：元）

年份 \ 分位点	10	20	30	40	50	60	70	80	90
2010	1500	2451	3336	4370	5548	6998	9000	12272	18750
2012	1027	2383	3898	5526	7232	9210	11643	15207	21865
2014	1230	2805	4433	6194	8235	10337	12979	17208	24471
2016	2057	3387	4945	6569	8469	11215	14365	19745	28011

对比来看，CHNS 与 CHIPS 相近年份分位点上的家庭人均收入比较相近，CHIPS2012 年之前年份的相同分位点上的家庭人均收入略低于 CHNS 数据，但就 CHNS2011 年与 CHIPS2012 年的分位点上的家庭人均收入来看，CHIPS 各分位点上的收入数值都要明显高于 CHNS 的结果。CHIPS 和 CFPS 进行对比可以发现，两个样本相同年份即 2012 年与 2014 年的家庭人均收入来看，CHIPS 各分位点上的数值都明显高于 CFPS 的结果。

三个样本代表性年份各分位点上家庭人均收入的增长倍数见表 3－8。从 CHNS 样本来看，第 10 百分位数由 1989 年的 724 元增长到 2015 年的 2027 元，增长了约 2.8 倍，而第 90 百分位数由 1989 年的 5427 元增长到 2015 年的 36589 元，增长了近 6.7 倍；1989—1997 年，离第 50 分位点越近，收入增长的幅度越小，离第 50 分位点越远，收入增长的幅度越大；而 1997—2006 年与 2006—2015 年，分位点越高，收入增长幅度越大，反之，分位点越低，则收入增长幅度越小。CFPS 样本的也是如此，整体来看，高分位点处的家庭人均收入增长幅度要大于低分位点处的家庭人均收入增长幅度。

表 3-8　三个样本各十分位点收入的增长倍数

样本	阶段	10	20	30	40	50	60	70	80	90
CHNS	1989—1997	1.55	1.53	1.53	1.43	1.38	1.44	1.45	1.52	1.51
	1997—2006	1.36	1.33	1.36	1.46	1.57	1.62	1.66	1.65	1.72
	2006—2015	1.33	1.77	2.06	2.12	2.32	2.43	2.48	2.57	2.60
CHIPS	1994—1996	1.61	1.61	1.61	1.61	1.59	1.57	1.58	1.57	1.58
	2001—2003	1.12	1.12	1.12	1.14	1.15	1.16	1.19	1.21	1.22
	2012—2014	1.33	1.28	1.29	1.30	1.28	1.29	1.27	1.24	1.22
CFPS	2010—2016	1.37	1.38	1.48	1.50	1.53	1.60	1.60	1.61	1.49

而 CHIPS 样本的情况则有所不同，CHIPS1994—1996 年样本及 2012—2014 年样本各分位点收入增长的倍数显示，低分位点上的收入增长幅度要大于高分位点，而从 2001—2003 年的样本整体来看，分位点越高收入增长幅度越大。

虽然这三个数据库的收入存在一定的差异，但总体来看这三个样本的收入变动趋势比较相似，这也互相验证了三个样本的家庭收入具有一定的可靠性。

然而，无论是收入中位数的提高，还是收入各分位点上收入水平的变动，抑或是基尼系数的增大，都是基于收入匿名性的假定，即这些指标只关注收入数值，与每个收入单位的具体名称无关。但是如果是以下情况：

甲、乙二人第一年的收入分别为 1 万元、19 万元，第二年二人的收入有两种情形：第一种情形是甲乙二人的收入格局不变，仍旧是甲 1 万元、乙 19 万元；而第二种情形是甲乙二人的收入发生了逆转，甲 19 万元、乙 1 万元。

基于匿名性指标进行分析，这两种情形的收入分配状态都没有发生变动，单从每一年看，收入差距都是很大的，而实际上如果把两年作为整体来看，第一种情形使二人的收入差距进一步拉大，而第二种情形下二人的收入分配是比较公平的。这就提示我们，仅仅关注单一年份的收入水平、收入差距等指标是远远不够的，还需要利用面板数据分析长期收入的变动情况，而收入流动性正是从动态角度衡量居民收入的变动程度及其对长期收入差距和社会福利的影响。

收入流动性不满足匿名性，在收入流动性的理论框架内，即使同一群体两个不同年份的收入分布形态完全一致，只要收入分布中相同位置上的个体不完全一致，就意味着这收入分配格局发生了变化。虽然单独来看，两个年份的不平等程度都较大，但人们的相对收入地位也在不断变动，其结果就是今天的穷人可能成为明天的富人，这就使得同样的收入差距可能有着完全不同的政策含义。考虑了收入流动性因素以后，收入分配失衡问题可能是另外一幅图景。

三、关于等值收入的一点说明

在利用家庭收入数据分析收入流动性时，需要使用家庭人均收入或等值收入来反映家庭的收入水平，本书在分析时主要使用家庭人均收入作为计算对象，同时，计算家庭等值收入作为家庭人均收入研究结论的补充。

在利用家庭收入数据分析收入流动性时，涉及家庭等值收入的确定。在研究我国收入流动性问题时，孙文凯等（2007）对劳动力和非劳动力区别对待，把家庭中劳动力数量与非劳动力数量权重之比设为1∶0.5，采用的等值人均收入计算公式为$\frac{\text{家庭可支配收入}}{\text{劳动力数}+0.5\times\text{非劳动力数}}$。我们认为这种区分很有必要，但是一方面权重如何确定非常棘手，比如当前中国小孩的消费额度可能超过成年人；另一方面该方法忽略了家庭规模的影响。由于家庭生活具有规模经济的特点，即随着家庭规模扩大，单位生活成本将降低，因此调整家庭规模的一个常用方法是定义等值规模收入，最为简单的计算公式为$\frac{\text{家庭可支配收入}}{\text{家庭人数}^{\alpha}}$，其中 α 为等值规模系数（$0<\alpha\leq1$）。王洪亮等（2012）借鉴南非贫困与福利问题分析中的等值规模收入，使用的计算公式为$\frac{\text{家庭可支配收入}}{(\text{成人数}+0.5\times\text{儿童数})^{0.9}}$，该公式既考虑了成人与儿童的权重差异，也体现了家庭规模经济的特点，应该说思路很好。但是考虑到中国小孩的抚养成本非常高，小孩权重一定程度上甚至大于成人，因此本书对于年龄不加区分。至于等值规模系数，将依据福利经济学理论中的主观福利评价方法进行计量分析后得到，而不是简单借鉴国外经验。

主观福利评价方法的思路是通过询问受访者自己的幸福感或生活满意度近似作为被调查者的福利水平，并假定一个人的福利水平取决于其所在家庭的可支配收入、家庭人口数及相关的个人特征变量。个人的福利函数 W 可以写成：

$$W=\beta_0+\beta_Y\ln(Y)-\beta_n\ln(n)+\sum_{i=1}^{m}\gamma_i X_i+\varepsilon \tag{3-1}$$

其中，Y 是家庭可支配收入，表示满足个人物质需求的购买力；n 是家庭成员数，表示这种购买力共享的人口数，因而 W 是 n 的减函数；X_i是表示个人特征的其他控制变量，比如性别、年龄、婚姻状况、政治面貌、健康状况等。由式（3-1）可以得到$\widehat{Y}=\exp((\widehat{W}-\widehat{\beta}_0+\widehat{\beta}_n\ln(n)-\sum_{i=1}^{m}\widehat{\gamma}_i X_i)/\widehat{\beta}_Y)$，对于既定的$n_0$和特征变量$X_0$，为了达到某一固定的福利水平 W_0，家庭可支配收入为$\widehat{Y}(n_0,X_0:W_0)=\exp((W_0-\widehat{\beta}_0+\widehat{\beta}_n\ln(n_0)-\sum_{i=1}^{m}\widehat{\gamma}_i X_{i0})/\widehat{\beta}_Y)$。当家庭成员数由 n_0 变动到 n 时，为了保证个人福利水平不变，家庭可支配收入的变动比例为：

$$Y(n_0 \to n, X_0 : W_0) = \frac{\widehat{Y}(n, X_0 : W_0)}{\widehat{Y}(n_0, X_0 : W_0)}$$
$$= \exp((\widehat{\beta}_n(\ln(n) - \ln(n_0))/\widehat{\beta}_Y \quad (3-2)$$

由于家庭等值规模收入的计算公式为 $Y_e = Y/n^{\alpha}$，意味着可支配收入为 Y 的一口之家的福利水平与家庭可支配收入为 $Y \cdot n^{\alpha}$ 的 n 人家庭其成员的福利水平相同（假定两个家庭成员的个人特征变量值相同），因此由式（3－2）可得：

$$Y(n_0 = 1 \to n, X_0 : W_0) = \exp\left(\frac{\widehat{\beta}_n}{\widehat{\beta}_Y}\ln(n)\right) = n^{\widehat{\beta}_n/\widehat{\beta}_Y} = n^{\alpha} \quad (3-3)$$

也即 $\alpha = \widehat{\beta}_n/\widehat{\beta}_Y$，从而第 i 个家庭的等值规模收入 Y_e^i 的计算公式为：

$$Y_e^i = \frac{Y^i}{n^{\widehat{\beta}_n/\widehat{\beta}_Y}} \quad (3-4)$$

其中 Y^i 表示第 i 个家庭的可支配收入。

该方法综合考虑了家庭可支配收入、家庭人口数及其成员的个人特征，可以较为客观地从福利水平角度估计出家庭等值规模收入。根据 2003 年和 2014 年 CHIPS 关于幸福感的调查，由于被解释变量为五分类有序变量，即“非常幸福”“比较幸福”“不好也不坏”“不太幸福”以及“很不幸福”，因此采用有序多分类 Logit 回归模型进行回归分析，最终拟合模型的结果见表 3－9。

表 3－9　　　　回归分析结果

	2003 年样本		2014 年样本	
	系数	标准误	系数	标准误
家庭可支配收入对数	0.813***	0.042	0.378***	0.041
家庭成员数对数	0.559***	0.095	0.267***	0.072
性别（女性＝0）	－0.174***	0.049	－0.102**	0.050
年龄	－0.129***	0.014	－0.068***	0.011
年龄的平方	0.001***	0.000	0.001***	0.000

续表

	2003 年样本		2014 年样本	
	系数	标准误	系数	标准误
婚姻状况（不在婚 =0）	0.574***	0.100	0.614***	0.086
政治面貌（中国共产党 =1，其他 =0）	0.211***	0.052	-0.125***	0.029
健康状况（不健康 =0）	0.780***	0.096	0.185*	0.113
LR 统计量	654.56***		226.58***	

注：*** 表示在 1% 的水平上显著，** 表示在 5% 的水平上显著，* 表示在 10% 的水平上显著。

可以看出，绝大多数参数均通过了 1% 的显著性检验。根据估计结果，可以计算出 2003 年 $\widehat{\beta}_n/\widehat{\beta}_Y$ 的值约为 0.688，2014 年约为 0.706。需要说明的是，Kerm（2004）在研究比利时、德国和美国的收入流动性时，该参数的取值为 0.66，本书与之比较接近。

简洁起见，后文根据 CHIPS 数据进行实证分析时取 $\alpha = 0.7$。当然对于 CHNS 及 CFPS 样本使用家庭等值收入分析家庭的收入流动性可能更好，但 CHNS 与 CFPS 数据库中缺少估计等值规模的相应精确变量。

收入流动性是一个多面体，由于观察视角不同，对收入流动性含义的理解也不尽相同。一般而言，可以区分为仅关注收入流动性本身及收入流动性作为解释其他目标的工具，如对平等分布程度或社会福利水平的影响等。不同的学者基于对收入流动性的不同理解，对其测度方法还没有形成一个统一的认识。就以收入流动性本身作为研究目标而言，对收入流动性的测度主要有两种视角：相对收入流动性视角将收入流动视为两期收入的非时间依赖性及收入位次或份额所发生的变动，通过考察非时间依赖程度及收入位置或份额变动的大小对收入流动性进行测度；而绝对收入流动性则坚持只要收入水平发生了变动就发生了收入流动，主要通过衡量收入水平的变动以实现对收入流动性的测度。此外，收入流动性之所以重要，是因为收入流动性还能够影响长期收入不平等、贫困、极化及社会福利水平等，特别是收入流动性的存在能够使得长期收入分配失衡可能会偏离单一年份，因而从长期收入分配失衡及社会福利水平变动的角度分析收入流动性无疑也具有十分重要的意义。为此，基于非时间依赖及收入位次或份额的变动、基于收入水平的变动以及关注长期收入分配失衡及社会福利水平变化的角度，可将收入流动的含义区分为相对收入流动、绝对收入流动和基于长期收入分配失衡及福利变化的收入流动性，下文对收入流动性的测度围绕这三种含义分别展开。

第四章

中国家庭相对收入流动性测度方法与实证研究

第一节　相对收入流动性的测度方法研究

一、基于相关系数的收入流动性测度方法

在收入流动分析中，如果个体当期的收入由过去的收入决定，时间依赖就发生了，非时间依赖即意味着收入流动。通过考察当期收入对过去收入的依赖程度可以衡量收入流动性的大小，依赖程度越小意味着收入流动性越大。早期非时间依赖角度的收入流动性测度通常基于一些直觉意义上的指标进行度量，比如两期收入的相关系数，通常用两期收入水平的相关系数或者收入对数的相关系数反映收入流动性程度。假设两期的收入分布分别为 $X=(x_1,x_2,\cdots,x_n)$ 和 $Y=(y_1,y_2,\cdots,y_n)$，则两期收入对数的 *Pearson* 相关系数为：

$$\rho_p[\ln(X),\ln(Y)]=\frac{E[\ln(X)\cdot\ln(Y)]-E[\ln(X)]\cdot E[\ln(Y)]}{\sqrt{E[\ln(X)]^2-E^2[\ln(X)]}\sqrt{E[\ln(Y)]^2-E^2[\ln(Y)]}} \tag{4-1}$$

这种方法比较直观且容易解释，相关系数越大说明个体收入决定模式具有较大的惯性，意味着收入流动性越小。相应地，可以用 1 减去 *Pearson* 相关系数的差作为衡量收入流动性的指标，即：

$$M_{rp}=1-\rho_p[\ln(X),\ln(Y)] \tag{4-2}$$

但是 *Pearson* 相关系数有一定的局限性，一方面两期收入水平的相关系数或者收入对数的相关系数结果很容易受到极端值的影响，另一方面它要求两变量须服从正态分布且为线性关系，而在实际中该假设条件通常无法得到较好满足。鉴于此，可以通过变更变量考察收入位次（秩）的相关系数，以最常用的 *Spearman* 秩相关系数为例，

收入位次的相关系数为：

$$\rho_s[r(x_i),r(y_i)] = 1 - \frac{6}{n(n^2-1)} \sum_{i=1}^{n} [r(y_i) - r(x_i)]^2 \tag{4-3}$$

其中 $r(x_i)$、$r(y_i)$ 分别为第 i 个单位的收入在基期分布和报告期分布中的位次。相应的收入流动性指标为：

$$M_{rs} = 1 - \rho_s[r(x_i),r(y_i)] \tag{4-4}$$

收入的位次相关系数是 -1 到 1 之间的值，如果是 -1，就代表上一期是穷人下一期是富豪，上一期是富豪的下一期变成了赤贫，这种情况一般只有通过政权更迭才能实现，所以 -1 显然不是我们所希望看到的。如果趋于 1，就表示该期的收入完全由上一期的收入决定，正常社会通常都是在 0 与 1 之间。

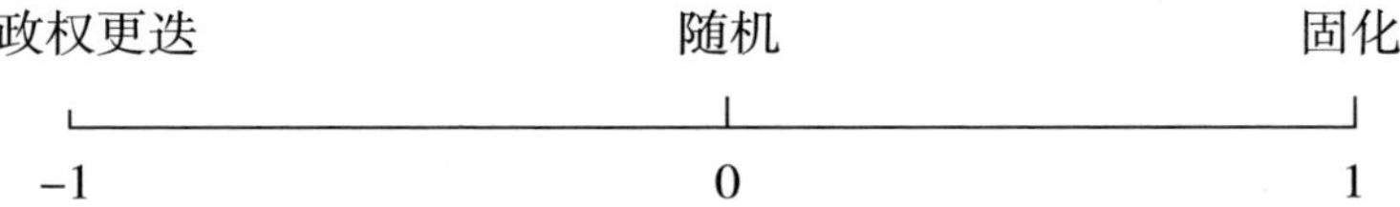

总体来说，基于相关系数的测度方法可以较为直观地揭示由于收入的变动或收入位置的变动产生的非时间依赖意义上的收入流动性，在很多研究中将其作为相对收入流动性的一种测度方法。D'Agostino 和 Dardanoni（2009）指出无论是 *Pearson* 相关系数还是 *Spearman* 秩相关系数都不满足“子群一致性公理”，对基于相关系数的收入流动性测度方法提出了质疑。

二、基于转换矩阵的收入流动性测度方法

转换矩阵最先是被数学家们用来描述两种随机状态之间的马尔可夫转换过程，Prais（1955）将其应用于职业流动的研究，用其来描述父—子代职业的变动过程，随后经济学者们用这种方法来反映两个时期收入分布的动态演变过程，基于转换矩阵可以对收入流动

性进行测度。利用转换矩阵对收入流动进行测度更加侧重状态分布的随机性，收入转换矩阵的大量运用标志着收入流动测度方法的研究进入了一个成熟期。

（一）转换矩阵的基本概念

转换矩阵是相对收入流动性测度中一个重要的分析工具。如果把总体按收入由低到高分成 m 组，s_1，…，s_m，$s_i \cap s_j = \varnothing (i \neq j)$，则转换矩阵 P 可表示为：

$$P = \begin{bmatrix} p_{11} & p_{12} & \cdots & p_{1m} \\ p_{21} & p_{22} & \cdots & p_{2m} \\ \cdots & \cdots & \cdots & \cdots \\ p_{m1} & p_{m2} & \cdots & p_{mm} \end{bmatrix} \tag{4-5}$$

其元素p_{ij}称为转移概率，表示基期第 i 个组转到报告期第 j 个组中的概率。如果基期在s_i组且报告期到了s_j组中的个体数记为n_{ij}，则转移概率为 $p_{ij} = \dfrac{n_{ij}}{\sum_{j=1}^{m} n_{ij}}$，其有两个主要特征：①$0 \leqslant p_{ij} \leqslant 1$，即各元素都是非负的；② $\sum_{j=1}^{m} p_{ij} = 1$ ，即转换矩阵各行元素之和等于1。常见的转换矩阵通常按收入的分位数进行分组，例如，五分位数（20%）、十分位数（10%）或者二十分位数（5%），基于收入分位数构造的转换矩阵各组的个体数目相等，此时的转换矩阵 P 是一个双随机矩阵，其行和与列和都等于1。此外，对于各组的分组界限，可以是给定的收入水平，也可以是与收入分布有关的变量，比如算术平均数或中位数的一定比例等，按照这种分组方法构造的收入转换矩阵，其各组的个体数目往往不再相等。

在应用转换矩阵对收入流动性进行测度时，首先需要确立一个参照点，然后将实际产生的收入转换矩阵与之比较，通过计算有关指标来判断收入流动的大小。关于最大流动性的参照点通常有两种定义的方法：

第一种定义为完全非时间依赖矩阵，即认为当期收入与过去收入完全无关或者完全时间独立性。最为简单的完全非时间依赖矩阵是假设转换矩阵的每个元素都相同且为$\frac{1}{m}$（m 为所有的收入组数）。从非时间依赖角度来看，完全非时间依赖矩阵代表的收入流动性程度最大，它表示无论基期收入分配的状态如何，每个个体都以等概率转移到报告期的各收入组中，收入分配状态的转移是随机发生的，而不依赖于时间，这是一种理想化的收入流动状态。在此基础上，以完全非时间依赖矩阵为参照点定义实际产生的收入转换矩阵与最大流动性矩阵之间的距离，并以此来衡量实际分配状态中收入流动性的大小，距离越小表示与完全非时间矩阵越接近，说明发生的收入流动性越大，距离越大则意味着非时间依赖角度的收入流动性越小。

第二种最大流动性的参照点是个体报告期收入位次与基期收入的位次完全相反的情形，也就是说，以前的穷人变成了现在的富人，以前的富人现在成了穷人，如果用转换矩阵表示，此时从左下到右上副对角线上的元素相等且都为 1，单从关注位次变动的角度来看，此种情形发生时，收入流动性最大。以此矩阵为基准，定义实际产生的收入转换矩阵与此矩阵之间的距离，并以此来衡量实际分配状态中收入流动性的大小，从关注位次变动的角度来看，距离越小表示两期收入位次变动越大，意味着发生的收入流动性越大，距离越大则意味着位次变动角度的收入流动性越小。

（二）基于转换矩阵的相对收入流动性指标体系

1. 时间依赖与收入流动大小

如果将一些收入流动性指标应该满足的性质具体化，就称为收入流动性测度的公理化方法。Shorrocks（1978b）提出以转换矩阵 P 为基础的收入流动性测度指标 $M(P)$需要满足以下 6 个公理：（1）标准化（N）：$0 \leqslant M(P) \leqslant 1$，即指标值介于 0 与 1 之间；（2）不流动性

(I)：$M(I)=0$，即当 P 是单位阵时收入流动性指标值为 0；（3）完全流动性（PM）：当 $p_{ij}=p_{hj}$（任意 j 且 $i\neq h$）时 $M(P)=1$，即 P 的各行都相同时收入流动性最大，指标值为 1；（4）单调性（MON）：对于转换矩阵 P 与 P'，如果所有的 $i\neq j$ 都有 $p_{ij}\geqslant p'_{ij}$ 且至少有一个 $p_{ij}>p'_{ij}$，则 $M(P)>M(P')$，即以对角元素下降得到的非对角元素上升严格地增加了 M 值；（5）期间一致性（PC）：当 $M(P)>M(Q)$ 时，有 $M(P^k)>M(Q^k)$，其中 P^k、Q^k 分布表示 k（k 为大于等于 1 的正整数）个时间间隔的转换矩阵，即基于间隔 k 个时期的收入流动性指标测度的大小关系与单位时期的转换矩阵基础上的收入流动性指标的大小关系应该一致；（6）期间不变性（PI）：$M(P;T)=M(P^k;kT)$，$k\geqslant 1$，即一个定义在矩阵 P 和一个时间段 T 上的收入流动性指标，在 k 期后，测量的结果应该有相同的值，其中 P 被 P^k 替代而 T 被 kT 替代，期间不变性意味着任何时间间隔的转换矩阵都可以经过幂次转换后进行收入流动性指标的比较。

需要指出的是，这 6 个公理之间并非总能自洽，N、PM 与 MON 之间存在矛盾。比如，从一个完全流动矩阵开始并增大一个非对角元素，那么 M 的值必然大于 1，这显然与（N）相矛盾。为了使（PM）与（MON）相一致，Shorrocks（1978b）提出了拟最大化对角线（quasi - maximal diagonal）矩阵，将讨论的对象限定于这类矩阵并证明了 Prais（1955）提出的收入流动性指标满足上述的标准化、单调性、不流动性及完全流动性四个公理，该收入流动性指标的公式为：

$$M_1(P)=\frac{m-\sum_{i=1}^{m}p_{ii}}{m-1} \tag{4-6}$$

$\sum_{i=1}^{m}p_{ii}$ 是主对角线元素之和，也就是转换矩阵的迹，矩阵的迹越小，代表基期处于某一收入组中的个体在报告期仍处于该收入组的可能性就越小，越有可能流入其他收入组中，从这个角度理解，M_1

(P)也可以视为所有个体离开初始收入组的平均概率。当两个时期的收入分布完全非时间依赖时，转换矩阵的迹 $\sum_{i=1}^{m} p_{ii} = 1$，此时的流动性最大，$M_1(P)$ 的值为1；而当转换矩阵的主对角线元素都为1时，转换矩阵的迹 $\sum_{i=1}^{m} p_{ii} = m$，从非时间依赖角度来看，此时收入分布处于完全不流动状态，收入流动性最小，$M_1(P)$ 的值为0。

另一个常用的测度非时间依赖意义上的收入流动性指标是：

$$M_2(P) = \sum_{i=1}^{m} \sum_{j=1}^{m} \frac{\left(p_{ij} - \frac{1}{m}\right)^2}{\frac{1}{m}} \tag{4-7}$$

$M_2(P)$又称为转换矩阵的χ^2值，它衡量了实际产生的收入转换矩阵与完全非时间依赖矩阵之间的距离，值越小代表两个矩阵的距离越近，表示收入分配越不具有时间依赖性，也即收入流动性越大；值越大表示收入分配越具有时间依赖性，即收入流动性越小。

如果收入转换矩阵作为马尔可夫链是一个平稳过程，Shorrocks（1978b）提出还可以用如下两个流动性指标进行测度：

$$M_3(P) = 1 - \left(\prod_{i=1}^{n} \lambda_i\right)^{\alpha/T} \tag{4-8}$$

$$M_4(P) = e^{-hT} \tag{4-9}$$

其中 $\alpha > 0$，$\lambda_1 \geqslant \lambda_2 \geqslant \cdots \geqslant \lambda_n$ 分别为转换矩阵 P 的特征根，$h = \frac{-\log 2}{\log|\lambda_2|}$反映了向马尔可夫稳态分布收敛的速度。

考虑到高度流动的过程中会迅速地向均衡分布收敛，Theil（1972）提出可以把转换矩阵最大的非单位特征根的平方作为不流动程度的测度指标。

此外，Sommers 和 Conlisk（1979）提出了如下指标：

$$M_5(P) = 1 - |\lambda_2| \tag{4-10}$$

$|\lambda_2|$是收入转换矩阵的第二大特征根的绝对值，Formby et al.（2004）认为λ_2可以视为基期与末期所在收入组的相关系数，相关性越小则

$M_5(P)$的值越大，反映收入流动性越大。

2. 位置变动与收入流动大小

将收入分布划分成若干个收入等级之后，基于转换矩阵可以实现对收入位置变动的流动性测度。基于转换矩阵的测度方法是将同一收入等级内部微小的收入变动忽略，认为只有当收入变动使个体越过等分边界时所发生的变动才有意义，个体收入所在的收入等级发生了变动，变动的背后原因是发生了收入流动。

基于转换矩阵主对角线上的元素，可以构造收入不流动比率（Immobility Rate）或者称为惯性率，计算公式为：

$$M_6(P) = \frac{1}{m}\sum_{i=1}^{m} p_{ii} \tag{4-11}$$

惯性率衡量了与基期收入分布相比，报告期仍处于相同收入等级中未发生收入流动的个体数的平均占比。惯性率取决于相应转换矩阵的迹，其值越大意味着收入流动性越小，如果$M_6(P)$的值等于1，则意味着所有个体都保持其在基期收入分配中的收入等级，是一种完全的位置不流动。在惯性率的基础上，Bibby（1975）构造的收入位置流动性指标为：

$$M_7 = 1 - \frac{\sum_{i=1}^{m} p_{ii}}{m} \tag{4-12}$$

所有个体所在收入等级都不发生变动时M_7的值最小；所有个体所在收入等级都发生变动时M_7的值最大。

亚惯性率的条件有所放松，反映的是收入等级相对稳定的比例，不仅包括基期与报告期所在收入等级没有发生变动个体的比重，还包括只变动一个收入等级（上升一个收入等级或者下降一个收入等级）的个体所占的比重，亚惯性率的计算公式为：

$$M_8(P) = \frac{1}{m}\sum_{i=1}^{m}\sum_{j=i-1}^{i+1} p_{ij} \tag{4-13}$$

Bartholomew（1973）考虑了移动幅度的大小，以收入等级变动幅度大小为权重对转移概率进行加权，提出了用平均阶差指标衡量收入流动性的大小，平均阶差的计算公式为：

$$M_9(P) = \frac{1}{m-1}\sum_{i=1}^{m}\sum_{j=1}^{m} p_{ij}|i-j| \tag{4-14}$$

此外，当收入流动发生时，有人向上流动到较高收入等级，也有人向下流动到较低的收入等级，从而要求我们还要考察收入流动发生时向哪个方向的流动更多一些，此即相对流动比率：

$$M_{10}(P) = \frac{\sum_{j>i} p_{ij}}{\sum_{i>j} p_{ij}} \tag{4-15}$$

不难看出，相对流动比率是转换矩阵主对角线右上方元素之和与左下方元素之和的比值，比值大于 1 代表收入流动是相对向上的，小于 1 代表收入流动是相对向下的。它可以用来反映在收入流动过程中，总体上是否有利于多数人经济地位的提高，通常用来衡量收入流动性的质量。

Alcalde - Unzu et al.（2006）认为，如果只关注个体收入位置的变动，最大的流动性应该为所有个体距离初始位置最远的状态。当转换矩阵为单位阵，即对角线元素都为 1，非对角线元素都为 0 时代表收入完全不流动的状态，可以用实际产生的转换矩阵与单位阵之间的距离函数来衡量收入流动程度的大小，提出的流动性指标为：

$$M_{11}(P) = \sum_{j=1}^{m} \omega_j \left[\sum_{k=1}^{m} |p_{jk} - I_{jk}|^{\alpha} v(|j-k|)\right]^{\frac{1}{\alpha}} \tag{4-16}$$

其中，ω_j 为第 j 个收入等级的权重，$M_{11}(P)$ 允许对不同收入等级赋予不同的权重，须满足 $\sum_{j=1}^{m}\omega_j = 1$，$v(\cdot)$ 为等级差的函数，参数 α 大于 1，I_{jk} 为单位矩阵相应的元素。

Paul（2009，2016）从关注低收入者的角度出发，认为收入流动性能有效地缓解或消除低收入群体中的长期贫困，因而收入流动性对低收入等级具有更为重要意义，应该对低收入者赋予更大的权重。如果从第 i 个收入等级移动到第 j 个收入等级所产生的位移记为

$m(i,j)$，则位移函数 $m(i,j)$ 应该满足四个方面的性质：

（1）非负性：只要所在收入等级发生了变动就会产生收入流动性，当两期收入所在的等级不变时收入流动性为0，即：对所有 $i \neq j$，有 $m(i,j) > 0$；对所有 $i = j$，有 $m(i,j) = 0$；

（2）单调性：对于 $j > k$，有 $m(i,i+j) > m(i,i+k)$ 且 $m(i,i-j) > m(i,i-k)$ 成立；

（3）对称性：收入等级上升 k 个等级与下降 k 个等级所产生的收入流动性相同，即：有 $m(i,i+k) = m(i,i-k)$；

（4）更大移动偏好性：一个个体移动 k 个收入等级所产生的收入流动性要比 k 个个体均移动一个收入等级所产生的收入流动性大，即：$m(i,i+k) > k \cdot m(i,i+1)$ 或 $m(i,i-k) > k \cdot m(i,i-1)$。

同时满足上述四个性质的位移函数为：

$$m(i,j) = \begin{cases} |i-j|^{\alpha}, i \neq j \\ 0, i = j \end{cases} \tag{4-17}$$

其中，$\alpha > 1$ 为更大移动偏好系数，代表对不同位移距离的权重，其值越大意味着对更大位移赋予更高的权重。转换矩阵 P 中，第 i 个收入等级的收入流动性可表示为：

$$m(i) = \sum_{j=1}^{m} m(i,j)\, p_{ij} \tag{4-18}$$

如果收入由低到高排列后第 i 个收入等级的权重记为 $\omega_i = (m+1-i) / \sum_{i=1}^{m} (m+1-i)$，则收入流动性指标为：

$$M(P) = \sum_{i=1}^{m} \omega_i m(i) / M_0(P_{max}) \tag{4-19}$$

其中 P_{max} 为转换矩阵中所有等级收入跳跃幅度之和最大的矩阵，满足 $M(P_{max}) = 1$。当 m 为奇数时，$M_0(P_{max}) = \frac{2}{m} \sum_{i=1}^{(m-1)/2} |i-m|^{\alpha} \frac{1}{m} \left(\frac{m-1}{2}\right)^{\alpha}$；当 m 为偶数时，$M_0(P_{max}) = \frac{2}{m} \sum_{i=1}^{m/2} |i-m|^{\alpha}$。

流动性指标 $M(P)$ 满足五个优良性质：（1）标准化：$0 \leqslant M \leqslant 1$；

（2） Shorrocks 单调性 （Shorrocks，1978b）：对于所有 $i \neq j$，有$p_{ij} \geqslant p'_{ij}$且对于某些 $i \neq j$ 有$p_{ij} > p'_{ij}$ 成立，则 $M(P) > M(P')$；（3） 不流动性：$M(I) = 0$；（4） 最大流动性：$M(P_{max}) = 1$；（5） 偏向低收入群体性：对基期的低收入个体赋予更大的权重。

需要注意的是，基于转换矩阵测度收入流动性时，随着时间的推移，收入流动性会逐渐积累，不同时间间隔的收入转换矩阵和收入流动指标不具有可比性，假设B_2是间隔两年的收入转换矩阵，B_5是间隔五年的收入转换矩阵，那么即使 $\mathrm{M}(B_5) > \mathrm{M}(B_2)$，我们也不能轻易说$B_5$的流动性比$B_2$大，因为$B_5$经历了更长时间，本身可能使收入流动性变大。

转换矩阵虽是一种较为流行的收入流动性测度工具，但通常认为它至少存在以下两点不足：第一，转换矩阵对于较长时间间隔的收入流动性是一种较好的度量方法，但对于时间间隔较短的情形下不是很合适，因为时间间隔越短，收入发生变动的可能性往往就越小，这种情况下通过构建收入转换矩阵来衡量收入流动，转换矩阵对角线上的数据几乎都接近于1。第二，构造转换矩阵时要将收入分组，这就造成基于转换矩阵测度出的收入流动性是从一个收入组到其他收入组的流动，而对于各组内部的收入流动则无法衡量。

三、相对收入流动性测度方法的改进

（一） 基于位次变动的收入流动性测度方法

如果不构造收入转换矩阵，也可以通过度量两期收入分布中个体收入位次的变动程度来反映基于位次变动的收入流动性大小。基于收入位次变动的指数方法可以视为转换矩阵方法的补充，事实上，如果把收入组别数设定为与收入个体数目相等，则基于转换矩阵的收入流动性测算与位次变动指数的收入流动性测算，两者是等效的。

1. 百分位排序变动的测度方法

基于两期收入百分位排序的变动来衡量收入位次变动的程度，Dickens（2000）提出了百分位排序变动的测度方法，又称为Dickens指数：

$$M_D = \frac{2\sum_{i=1}^{n}|R_{i1} - R_{i0}|}{n} \tag{4-20}$$

其中 n 是个体数目，R_{i0}、R_{i1} 分别表示基期与报告期第 i 个个体收入所在的百分位。Dickens（2000）将所有个体的百分位排序不变时，视作没有收入流动发生，M_D 值为0；将所有个体百分位排序发生逆转，基期处于最低百分位的个体到报告期时处于最高百分位，基期处于最高百分位的个体到报告期处于最低百分位，即两个时期所有个体的百分位排序完全负相关，视作位次流动性最大的情形，M_D 值为1。

2. 位次变动的绝对值距离指数

考虑个体收入位次的变动，王洪亮（2009、2012）将所有个体两期收入位次变动的绝对值距离相加，并归一化处理构造了基于位次变动的收入流动性指数：

$$M_{r0} = \begin{cases} \frac{2}{n^2 - 1}\sum_{i=1}^{n}|r(y_i) - r(x_i)|, n\text{ 为奇数} \\ \frac{2}{n^2}\sum_{i=1}^{n}|r(y_i) - r(x_i)|, n\text{ 为偶数} \end{cases} \tag{4-21}$$

M_{r0} 介于［0，1］之间，值越大表示收入位次流动性越大。

3. 基于位次变动的一种新的收入流动性指数

不难发现，王洪亮（2009）构造的 M_{r0} 指数实际上是所有个体收入位次变动距离绝对值之和的归一化形式，在实施归一化之前，收入分布 X→Y 的变动过程中，所有个体位次变动距离的一般形式为：

$$D_n = \left[\sum_{i=1}^{n}|r(y_i) - r(x_i)|^{\alpha}\right]^{\frac{1}{\alpha}}, \alpha \geqslant 1 \tag{4-22}$$

当 $\alpha = 2$ 时，距离式子 D_n 转化成：

$$D_n = \left[\sum_{i=1}^{n} |r(y_i) - r(x_i)|^2 \right]^{\frac{1}{2}} \tag{4-23}$$

式（4－23）是通常意义上的欧氏距离，也符合数学泛函分析中常见的2－范数的形式特点，其具有非负性、齐次性、对称性等优良性质。用式（4－23）计算 n 个个体在两个阶段收入分布中位次的变动，实际上是求 n 维空间中两个点之间的真实距离。易证，样本量为 n 时，式（4－23）的取值介于最大值 $\sqrt{\frac{n^3-n}{3}}$ 与最小值 0 之间，对其进行标准化处理之后，本书提出一个从收入位次变动视角衡量收入流动性的新指数，即收入位次变动的欧氏距离指数：

$$M_{r1} = \left(\frac{3}{n^3-n}\right)^{\frac{1}{2}} \left[\sum_{i=1}^{n} |r(y_i) - r(x_i)|^2 \right]^{\frac{1}{2}} \tag{4-24}$$

M_{r1}介于［0，1］之间，当$M_{r1}=0$时表示所有个体收入位次保持不变，$M_{r1}=1$时表示收入位次流动性达到最大值，值越大表示收入位次流动性越大。

4. 三种指数的比较

王洪亮（2009、2012）的绝对值距离指数与 Dickens 指数本质上是一样的，主要区别在于计算过程中分组数目的不同，Dickens 指数按百分位数分组，将所有个体等分为 100 组，而绝对值距离指数将每一个体视为一组，分组更细。如果对于同一样本分别计算 Dickens 指数和绝对值距离指数，单从数值大小来看，绝对值距离指数的值势必比 Dickens 指数的值略大。

为了分析位次变动的绝对值距离指数与欧氏距离指数，即M_{r0}与M_{r1}之间的主要区别，令$r_i = |r(y_i) - r(x_i)|$，我们分别求M_{r0}、M_{r1}关于r_i一阶导：

$$\frac{\partial M_{r0}}{\partial r_i} = \frac{2}{n^2-1} \text{或} \frac{2}{n^2} \tag{4-25}$$

$$\frac{\partial M_{r1}}{\partial r_i} = \frac{r_i}{\sqrt{\sum_{i=1}^{n} r_i^2}} \tag{4-26}$$

可以发现，M_{r0}的一阶导数值与样本量 n 有关，而M_{r1}的一阶导数值与位次变动的绝对差r_i有关，这意味着在样本量相同的条件下，位次绝对差r_i的值越大，M_{r1}的增量也越大，但M_{r0}的增量是一个常数。如果考虑 A、B、C 三个人，基期收入的位次分别为 1、2、3，报告期收入的位次有两种情形，依次为 3、2、1 与 3、1、2，两者的差别在于第一种情形 C 直接从第 3 位上升到第 1 位，第二种情形是 C 从第 3 位上升到第 2 位，B 从第 2 位上升到第 1 位，虽然总位次变动都是上升了两位（不考虑 A 的位次变动，因为两种情形 A 都是从第 1 位下降到第 3 位），但第一种情形是一次性上升了两个位次，而第二种情形相当于两次一个位次的上升，一般认为前者对收入流动性的贡献要大于后者。同时，参照收入不平等和贫困测度中的转移敏感性公理，我们认为收入位次的绝对差距越大，对收入流动性的贡献也应越大。

此外，采用位次的绝对差度量收入流动性时，$\sum_{i=1}^{n}|r(y_i)-r(x_i)|$取最大值的情形有很多，王洪亮（2009、2012）提出的M_{r0}中所指的高低位次互换只是其中的一种情形，比如基期收入位次为（1，2，3，4），报告期收入位次为（4，3，2，1）或（4，3，1，2）、（3，4，1，2）、（3，4，2，1）中的任一种情形，位次的绝对差均取最大值，而如果采用 $\alpha=2$ 的形式，$[\sum_{i=1}^{n}r_i^2]^{\frac{1}{2}}$ 取最大值的情形只能是高低位次互换这一种情况（洪兴建，2010）。因此，要满足位次绝对差的敏感性及收入位次流动性取最大值时的唯一性，选择 $\alpha=2$ 的测度指标，即式（4－24）基于位次变动的欧氏距离指数来测度收入流动性将更为理想。

（二）基于份额变动的收入流动性测度方法

基于收入份额变动视角的收入流动性测度源于下面问题的思考。假定三个人基期收入分布为（2，3，5），报告期收入分布为（2，3，10），从收入位次来看，三个人的位次均没有变化，从而位次流动性为0；从收入绝对值看，A和B没有变化，C收入增加了，按照绝对流动性的定义，A和B没有发生收入流动性，C有流动性。但是如果考虑从基期到报告期三人收入份额的变动，可以发现A和B的收入份额都减少了，C的收入份额增加了。也就是说，即便某个（些）人的收入排序位次不变，甚或收入绝对数值不变，其收入份额仍有可能发生变动。

设总共n个收入单位，基期收入份额向量为$S^0=(s_1^0,s_2^0,\cdots,s_n^0)$，报告期对应的收入份额向量为$S^1=(s_1^1,s_2^1,\cdots,s_n^1)$，其中$s_1^0\leqslant s_2^0\leqslant\cdots\leqslant s_n^0$，且$\sum_{i=1}^{n}s_i^0=1$和$\sum_{i=1}^{n}s_i^1=1$。Fields（2010）给出的收入份额绝对变动的流动性测度公式为：

$$M_F=\sum_{i=1}^{n}\left|s_i^1-s_i^0\right|/n \tag{4-27}$$

式（4-27）为向量S^0和S^1的绝对值距离，与欧氏距离相比而言，它存在一定的缺陷。比如，甲、乙、丙三人基期的收入份额分别为10%、30%和60%，报告期有两种情形，一种情形为20%、40%、40%，另一种情形为30%、30%、40%，虽然两种情形上升的收入份额均为20%（当然下降也为20%），但第一种情形甲、乙分别上升了10%，第二种情形是甲一次性上升了20%。一般认为后者的流动性要大于前者，这类似于收入差距与贫困测度中的敏感性公理，绝对值距离不满足该性质，而欧氏距离满足。在此基础上，本书提出的度量收入份额绝对变动的流动性测度方法可为：

$$M_{S1}=\sqrt{\sum_{i=1}^{n}(s_i^1-s_i^0)^2/n} \tag{4-28}$$

进一步地，我们还可以从社会伦理的角度分析收入份额的流动是否为社会合意的。假设基期的收入份额分布$S^0=(0.2,0.8)$，报告期的收入份额S^1的分布分别为（0.1，0.9）和（0.3，0.7），那么根据式（4-28）计算的M_{S1}是一样的，但从关注基期低收入者的角度看，合意的流动性应该是低收入者向上流动得更多。也就是说，(0.1，0.9) 使得低收入者的收入份额进一步恶化，属于不合意的收入流动，而报告期 (0.3，0.7) 增加了低收入者收入份额，属于合意的收入流动。但是，M_{S1}将收入份额的增加和减少同等看待，计算得到两者的流动性是一样的，无法区分收入流动是否为社会合意的。为了分析收入份额变化的方向，参照基尼系数的权重设置，给低收入者以较大权重，即收入从低到高排序后第 i 个单位的权重为$f_i = n + 1 - i$，本书提出的评判收入份额流动性是否合意的测度方法为：

$$M_{S2} = \sum_{i=1}^{n} \frac{f_i}{\sum_{i=1}^{n} f_i}(s_i^1 - s_i^0) = \sum_{i=1}^{n} \frac{2(n+1-i)}{n(n+1)}(s_i^1 - s_i^0) \tag{4-29}$$

$M_{S2} > 0$ 表示收入流动是社会合意的，$M_{S2} < 0$ 表示收入流动是社会不合意的，并且M_{S2}值越大代表低收入者的收入份额相对提升得越多，收入流动性的合意程度越大。

第二节　中国家庭相对收入流动性的实证研究

一、全国的相对收入流动性测度

(一) 基于相关系数的流动性测算

相关系数能大致反映两个时期非时间依赖视角的收入流动，本书分别测算了收入对数的 *Pearson* 相关系数和收入位次的 *Spearman* 相关系数。

1. 收入对数的 Pearson 相关系数

表 4 - 1 和表 4 - 2 分别反映了 1989—2015 年的 CHNS 样本及 2010—2016 年的 CFPS 样本家庭人均收入对数的年际相关系数。

基于 CHNS 样本的计算结果如表 4 - 1 所示。表 4 - 1 的次对角线上的结果反映的是相邻两个调查年份收入对数的相关系数值。相邻的两个调查年份中，收入对数的相关系数经历了一个先下降后上升的过程，2000 年之前的相关系数呈下降趋势，2000 年之后在波动中上升，而 2011—2015 年又有较大幅度下降，图 4 - 1 直观地反映了这一变动趋势。表 4 - 1 每一列的测算结果显示，固定起始期的条件下，随着时间的推移收入对数相关系数整体上在逐渐减小，图 4 - 1 更直观地反映了这一变动特征，在起始期固定的条件下，年份相距越远，两个年份之间收入对数的相关程度越低，这表明在 1989—2015 年间，收入流动性随时间间隔的增大而增大。

表 4 - 1　CHNS1989—2015 年家庭人均收入对数的年际相关系数

年份	1989	1991	1993	1997	2000	2004	2006	2009	2011	2015
1989	1									
1991	0.3416	1								
1993	0.3340	0.3185	1							
1997	0.2158	0.2580	0.3143	1						
2000	0.2048	0.2133	0.2851	0.3028	1					
2004	0.1930	0.1905	0.2186	0.2572	0.3174	1				
2006	0.1564	0.1810	0.1890	0.2305	0.2717	0.3603	1			
2009	0.1359	0.1870	0.1922	0.2433	0.2148	0.3114	0.3543	1		
2011	0.1529	0.1519	0.1883	0.2145	0.2279	0.3300	0.3889	0.4208	1	
2015	0.1481	0.1604	0.1455	0.1134	0.1570	0.2181	0.2547	0.2497	0.2826	1

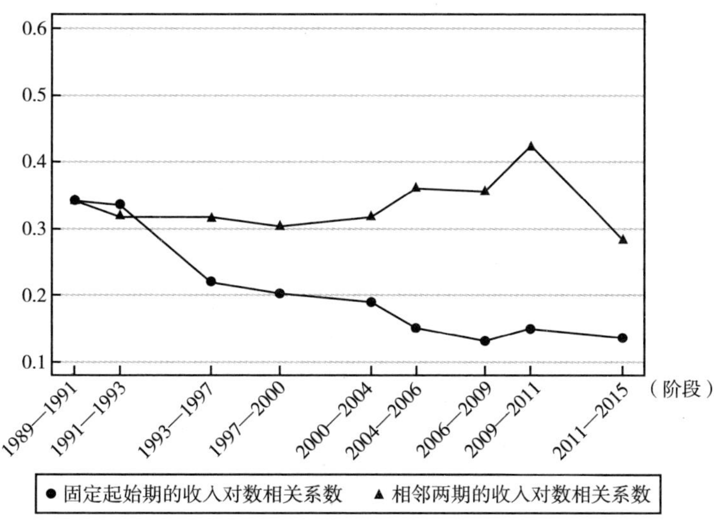

图 4－1　CHNS 收入对数的相关系数趋势

而 CFPS 样本的计算结果显示，相邻调查年份间的收入对数相关系数值在逐渐增大，三个阶段的值依次为 0.3847、0.4211 和 0.4411，这说明在年份间隔相同条件下，收入对数的相关系数在逐渐提高，也即收入流动性在逐渐减小；与此同时，表 4－2 每一列的测算结果显示，固定起始期的条件下，随着间隔年份的增加，收入对数的相关系数值也在逐渐增大，这表明随着时间间隔的增大，收入流动在逐渐减小，这一点与 1989—2015 年的结论有所不同，这也从另一个角度说明了 2010 年以后收入流动性下降的幅度之大。

表 4－2　CFPS2010—2016 年家庭人均收入对数的年际相关系数

年份	2010	2012	2014	2016
2010	1			
2012	0.3847	1		
2014	0.4092	0.4211	1	
2016	0.5017	0.3752	0.4411	1

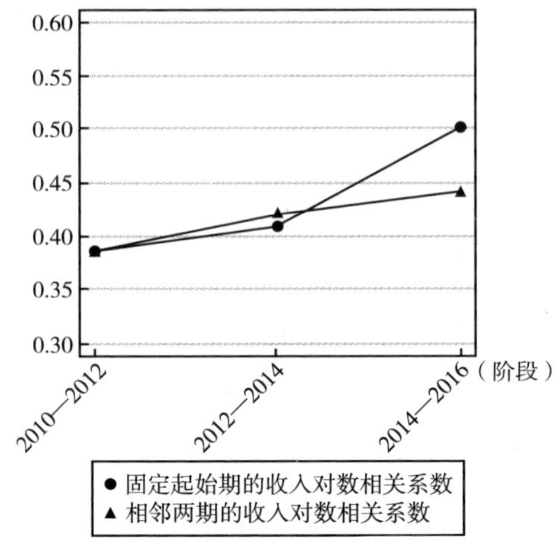

图 4－2　CFPS 收入对数的相关系数趋势

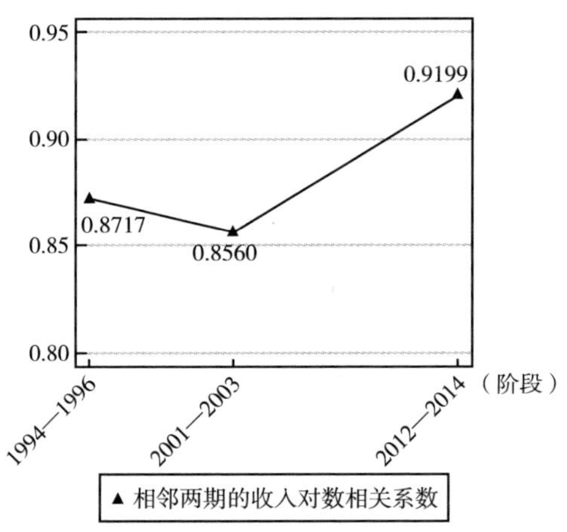

图 4－3　CHIPS 收入对数的相关系数变动趋势

基于 CHIPS 短面板样本的家庭等值收入对数的相关系数计算结果表明，1994—1996 年、2001—2003 年、2012—2014 年的收入对数相关系数依次为 0.8717、0.8560、0.9199，由于 CHIPS 样本各阶段的样本量不同，三个阶段的相关系数并不完全可比，但从趋势来看与 CHNS 及 CFPS 样本的结论一致，2012—2014 年的相关系数有显著的增大趋势，表明非时间依赖意义上的收入流动性出现了显著的下降（如图 4－2、图 4－3 所示）。

2. 收入位次的 Spearman 相关系数

衡量两期收入位次依赖程度的 *Spearman* 秩相关系数的结果如表 4－3、表 4－4 所示。

表 4－3　CHNS1989—2015 年家庭人均收入位次的年际相关系数

年份	1989	1991	1993	1997	2000	2004	2006	2009	2011	2015
1989	1									
1991	0.3862	1								
1993	0.3621	0.3857	1							
1997	0.2671	0.3107	0.3930	1						
2000	0.2486	0.2477	0.3475	0.3684	1					
2004	0.2235	0.2283	0.2391	0.3223	0.3608	1				
2006	0.2098	0.2238	0.2527	0.2979	0.3114	0.4123	1			
2009	0.1947	0.1984	0.2605	0.3122	0.2715	0.3763	0.3849	1		
2011	0.1953	0.1922	0.2395	0.2610	0.2751	0.3477	0.4080	0.4838	1	
2015	0.1755	0.1942	0.1864	0.1551	0.1762	0.2564	0.2953	0.3002	0.3584	1

表 4－4　CFPS2010—2016 年家庭人均收入位次的年际相关系数

年份	2010	2012	2014	2016
2010	1			
2012	0.4735	1		
2014	0.5052	0.5125	1	
2016	0.5678	0.4630	0.5515	1

表 4－3 显示，1997—2004 年相邻两个调查年份间位次相关系数的值在逐渐减小，2004—2011 年在波动中上升，而 2011 年以后又出现较大幅度的下降。图 4－4 直观地反映了这一变动趋势特征，1989—2004 年相邻两个调查年份间的收入位次相关系数曲线在此期间呈缓慢下降态势，而 2004—2006 年位次相关系数开始出现增大趋势，尤其是 2009—2011 年的相关系数增大到 0.4838，提升幅度较

大，而 2011—2015 年又发生较大幅度的下跌。这反映出，相邻调查年份间的位次流动性呈现不同的阶段性特征，1997—2004 年的位次流动性逐渐增大，2004—2011 年的位次流动性大幅下降，2011 年之后的流动性又出现增强势头。与此同时，表 4 - 3 每一列的结果表明，固定起始期的条件下，收入位次相关系数随着年份间隔的增加而急剧降低，由此我们可以认为 1989—2015 年年份间隔越长，收入位次流动性越大。

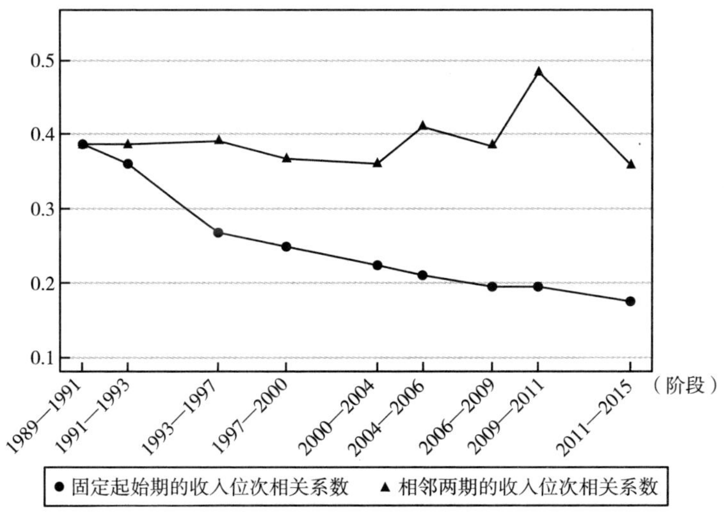

图 4 - 4　CHNS 样本的收入位次相关系数趋势

而表 4 - 4 基于 CFPS 样本的计算结果则表明，2010 年之后收入位次流动性在逐渐下降：次对角线上的结果显示，相邻两个调查年份间的位次相关系数值在逐渐增大，同时，以 2010 年为基期时，随着年份间隔的增加，位次相关系数值也在逐渐增大。从图 4 - 5 的趋势线来看，固定起始期的收入位次相关系数与相邻调查年份收入位次的相关系数的变动趋势线都是向右上方倾斜，表明短期收入位次的相关性与间隔更长时期的位次相关性都在提升，这意味着 2010 年以后，收入位次流动性在逐渐变小。

基于 CHIPS 样本的结论与相近时间段上 CHNS 及 CFPS 样本的结

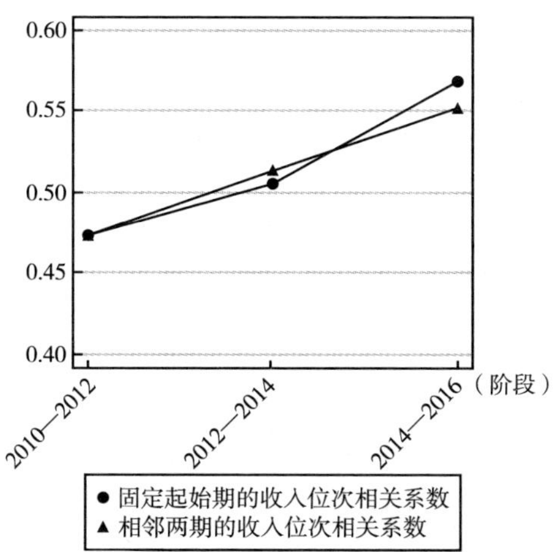

图 4－5 CFPS 样本的收入位次相关系数趋势

论基本一致。如图 4－6 所示，2001—2003 年的收入位次相关系数有小幅下降，而 2012—2014 年有较大幅度提升，表明 2012—2014 年间的非时间依赖的收入流动性在显著降低。

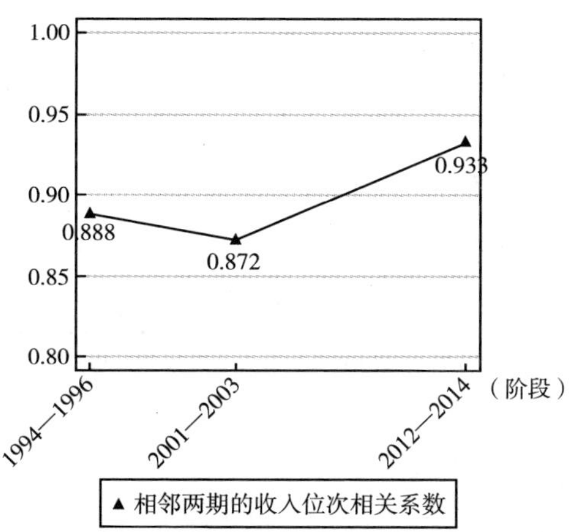

图 4－6 CHIPS 样本的收入位次相关系数变动趋势

（二）基于收入转换矩阵的流动性测算

本部分采用收入转换矩阵测算收入流动性，分别构造收入的五等分组转换矩阵和依据收入中位数划分的五分组转换矩阵，以比较不同的分组方法构造的收入转换矩阵的分析结论是否有所区别。

1. 五等分组转换矩阵的测算

为了构造五等分组转换矩阵，将收入由低到高排序后，以收入分布的 20%、40%、60% 和 80% 分位数为分组的组界，将所有家庭分成五等分组，对于人均收入相同的家庭，将其随机分配到邻近的收入组中，这样保证了每个五等分组中分配了相同数目的样本，使数据更加平滑。

基于 CHNS 样本相邻调查年份的分位数分组的转换矩阵如表 4-5 所示。对于最低收入组而言，1989—1991 年的转换矩阵中 p_{11} 为 0.35，表示 1989 年处于最低收入分组的家庭到 1991 年仍处于最低收入组的概率为 35%，到 2011—2015 年这一概率为 33%，期间各个转换矩阵的这一概率都大于 30%，这意味着每个阶段都有超过三分之一的家庭陷于最低收入组中而不能自拔；对于最高收入组转移概率 p_{55}，1989—1991 年为 0.41，意味着 1989 年处于最高收入组的家庭在 1991 年仍处于最高收入组的概率为 41%，到 2009—2011 年升至 45%，期间各转换矩阵的这一概率都高于 40%，2009—2011 年的这一概率甚至接近 50%，这表明每个阶段都有超过四成家庭其高收入地位具有相当的稳定性。

表 4-5 基于 CHNS 样本相邻调查年份的收入分位数转换矩阵

1989—1991 年收入分位数转换矩阵							1991—1993 年收入分位数转换矩阵						
		1991 年的位置							1993 年的位置				
		Ⅰ	Ⅱ	Ⅲ	Ⅳ	Ⅴ			Ⅰ	Ⅱ	Ⅲ	Ⅳ	Ⅴ
1989 年的位置	Ⅰ	0.35	0.26	0.18	0.12	0.09	1991 年的位置	Ⅰ	0.36	0.24	0.17	0.16	0.07
	Ⅱ	0.24	0.25	0.26	0.13	0.12		Ⅱ	0.25	0.29	0.23	0.16	0.07
	Ⅲ	0.20	0.23	0.24	0.20	0.14		Ⅲ	0.17	0.23	0.24	0.20	0.16
	Ⅳ	0.14	0.17	0.20	0.25	0.24		Ⅳ	0.14	0.14	0.21	0.27	0.25
	Ⅴ	0.07	0.08	0.13	0.30	0.41		Ⅴ	0.08	0.10	0.15	0.21	0.44

续表

1993—1997 年收入分位数转换矩阵							1997—2000 年收入分位数转换矩阵						
	1997 年的位置							2000 年的位置					
		Ⅰ	Ⅱ	Ⅲ	Ⅳ	Ⅴ			Ⅰ	Ⅱ	Ⅲ	Ⅳ	Ⅴ
1993年的位置	Ⅰ	0.34	0.25	0.17	0.16	0.08	1997年的位置	Ⅰ	0.35	0.20	0.20	0.17	0.08
	Ⅱ	0.28	0.28	0.25	0.13	0.07		Ⅱ	0.28	0.25	0.18	0.18	0.12
	Ⅲ	0.17	0.23	0.25	0.23	0.12		Ⅲ	0.20	0.24	0.22	0.22	0.13
	Ⅳ	0.13	0.15	0.18	0.23	0.31		Ⅳ	0.14	0.14	0.26	0.22	0.24
	Ⅴ	0.08	0.09	0.16	0.24	0.41		Ⅴ	0.03	0.17	0.15	0.21	0.43
2000—2004 年收入分位数转换矩阵							2004—2006 年收入分位数转换矩阵						
	2004 年的位置							2006 年的位置					
		Ⅰ	Ⅱ	Ⅲ	Ⅳ	Ⅴ			Ⅰ	Ⅱ	Ⅲ	Ⅳ	Ⅴ
2000年的位置	Ⅰ	0.33	0.28	0.22	0.10	0.07	2004年的位置	Ⅰ	0.36	0.26	0.17	0.10	0.11
	Ⅱ	0.26	0.22	0.22	0.20	0.11		Ⅱ	0.26	0.26	0.23	0.17	0.08
	Ⅲ	0.19	0.20	0.25	0.20	0.18		Ⅲ	0.22	0.20	0.25	0.18	0.16
	Ⅳ	0.12	0.22	0.21	0.22	0.24		Ⅳ	0.09	0.21	0.19	0.29	0.22
	Ⅴ	0.10	0.09	0.11	0.28	0.40		Ⅴ	0.07	0.08	0.16	0.25	0.43
2006—2009 年收入分位数转换矩阵							2009—2011 年收入分位数转换矩阵						
	2009 年的位置							2011 年的位置					
		Ⅰ	Ⅱ	Ⅲ	Ⅳ	Ⅴ			Ⅰ	Ⅱ	Ⅲ	Ⅳ	Ⅴ
2006年的位置	Ⅰ	0.36	0.22	0.21	0.15	0.07	2009年的位置	Ⅰ	0.43	0.24	0.17	0.10	0.05
	Ⅱ	0.23	0.27	0.20	0.18	0.12		Ⅱ	0.27	0.30	0.19	0.16	0.09
	Ⅲ	0.17	0.24	0.25	0.20	0.15		Ⅲ	0.13	0.22	0.34	0.20	0.12
	Ⅳ	0.17	0.17	0.24	0.23	0.20		Ⅳ	0.10	0.17	0.20	0.29	0.25
	Ⅴ	0.07	0.10	0.12	0.24	0.46		Ⅴ	0.07	0.07	0.10	0.25	0.49

续表

2011—2015 年收入分位数转换矩阵							
		2015 年的位置					
		Ⅰ	Ⅱ	Ⅲ	Ⅳ	Ⅴ	
2011年的位置	Ⅰ	0.33	0.26	0.20	0.11	0.10	
	Ⅱ	0.27	0.24	0.21	0.20	0.10	
	Ⅲ	0.20	0.27	0.23	0.18	0.14	
	Ⅳ	0.12	0.12	0.23	0.33	0.21	
	Ⅴ	0.09	0.11	0.15	0.18	0.45	

基于 CFPS 样本相邻调查年份的分位数转换矩阵见表 4－6。对于最低收入组转移概率p_{11}，2010—2012 年为 0.37，2012—2014 年为 0.42，2014—2016 年为 0.41，表明三个阶段中人均收入最低组中的家庭都有接近 40% 的比例不能上升到更高收入阶层；对于最高收入组转移概率p_{55}，2010—2012 年、2012—2014 年与 2014—2016 年这一概率逐渐增大，依次为 0.54、0.57 与 0.62，表明就这三个阶段而言，人均收入最高的 20% 家庭其高收入地位越来越稳固。

表 4－6　基于 CFPS 样本相邻调查年份的收入分位数转换矩阵

2010—2012 年收入分位数转换矩阵							2012—2014 年收入分位数转换矩阵						
		2012 年的位置							2014 年的位置				
		Ⅰ	Ⅱ	Ⅲ	Ⅳ	Ⅴ			Ⅰ	Ⅱ	Ⅲ	Ⅳ	Ⅴ
2010年的位置	Ⅰ	0.37	0.28	0.18	0.13	0.05	2012年的位置	Ⅰ	0.42	0.25	0.17	0.12	0.04
	Ⅱ	0.27	0.27	0.23	0.16	0.07		Ⅱ	0.25	0.30	0.23	0.16	0.06
	Ⅲ	0.18	0.22	0.25	0.23	0.12		Ⅲ	0.16	0.22	0.27	0.22	0.13
	Ⅳ	0.12	0.16	0.21	0.28	0.23		Ⅳ	0.12	0.15	0.22	0.30	0.20
	Ⅴ	0.07	0.08	0.13	0.19	0.54		Ⅴ	0.06	0.07	0.10	0.20	0.57

续表

2014—2016 年收入分位数转换矩阵						
		2016 年的位置				
		Ⅰ	Ⅱ	Ⅲ	Ⅳ	Ⅴ
2014年的位置	Ⅰ	0.41	0.26	0.16	0.10	0.07
	Ⅱ	0.27	0.32	0.23	0.12	0.05
	Ⅲ	0.17	0.24	0.30	0.21	0.08
	Ⅳ	0.11	0.14	0.22	0.35	0.18
	Ⅴ	0.04	0.04	0.09	0.21	0.62

基于 CHIPS 样本的分位数转换矩阵测算结果如表 4－7 所示。表 4－7 显示，1994—1996 年、2001—2003 年与 2012—2014 年最低收入组的转移概率p_{11}依次为 0.75、0.69、0.82，最高收入组转移概率p_{55}依次递增，分别为 0.72、0.81、0.85，三个样本关于最高收入组收入的结论具有一致性，说明高收入组家庭稳固其地位的能力逐渐增强，其收入的固化趋势较为明显。

表 4－7　基于 CHIPS 样本的收入分位数转换矩阵

1994—1996 年收入分位数转换矩阵							2001—2003 年收入分位数转换矩阵						
		1996 年的位置							2003 年的位置				
		Ⅰ	Ⅱ	Ⅲ	Ⅳ	Ⅴ			Ⅰ	Ⅱ	Ⅲ	Ⅳ	Ⅴ
1994年的位置	Ⅰ	0.75	0.21	0.03	0.01	0.01	2001年的位置	Ⅰ	0.69	0.23	0.06	0.02	0.00
	Ⅱ	0.23	0.55	0.17	0.04	0.01		Ⅱ	0.22	0.53	0.21	0.04	0.01
	Ⅲ	0.02	0.23	0.48	0.22	0.06		Ⅲ	0.07	0.19	0.53	0.18	0.03
	Ⅳ	0.00	0.01	0.29	0.49	0.21		Ⅳ	0.02	0.05	0.17	0.61	0.15
	Ⅴ	0.00	0.00	0.03	0.25	0.72		Ⅴ	0.00	0.01	0.02	0.16	0.81

续表

2012—2014 年收入分位数转换矩阵							
	2014 年的位置						
		Ⅰ	Ⅱ	Ⅲ	Ⅳ	Ⅴ	
2012年的位置	Ⅰ	0.82	0.13	0.03	0.01	0.01	
	Ⅱ	0.17	0.67	0.13	0.02	0.01	
	Ⅲ	0.01	0.18	0.64	0.15	0.02	
	Ⅳ	0.01	0.01	0.20	0.67	0.12	
	Ⅴ	0.00	0.00	0.00	0.14	0.85	

由于收入转换矩阵的计算结果往往与间隔时期的长短有关，一般来说，起始年与结束年的时间间隔越长，人们就会有更多的机会改变其收入，这就意味着不同时间间隔的转换矩阵测算结果很可能是不可比的。表 4－8 列示了更长时间间隔的收入五等分组转换矩阵测算结果，其中基于 CHNS 样本的三个收入转换矩阵的间隔年份大致相同。

表 4－8　基于更长时间间隔的收入分位数转换矩阵

1989—1997 年收入分位数转换矩阵（CHNS）							1997—2006 年收入分位数转换（CHNS）						
	1997 年的位置							2006 年的位置					
		Ⅰ	Ⅱ	Ⅲ	Ⅳ	Ⅴ			Ⅰ	Ⅱ	Ⅲ	Ⅳ	Ⅴ
1989年的位置	Ⅰ	0.30	0.23	0.24	0.12	0.11	1997年的位置	Ⅰ	0.28	0.27	0.18	0.16	0.10
	Ⅱ	0.23	0.29	0.21	0.18	0.10		Ⅱ	0.28	0.21	0.25	0.14	0.11
	Ⅲ	0.17	0.23	0.20	0.22	0.20		Ⅲ	0.20	0.22	0.22	0.19	0.18
	Ⅳ	0.18	0.14	0.21	0.23	0.25		Ⅳ	0.12	0.16	0.23	0.23	0.27
	Ⅴ	0.12	0.11	0.16	0.25	0.34		Ⅴ	0.12	0.14	0.12	0.28	0.34

续表

2006—2015 年收入分位数转换矩阵（CHNS）							2010—2016 年收入分位数转换（CFPS）						
		2015 年的位置							2016 年的位置				
2006年的位置		Ⅰ	Ⅱ	Ⅲ	Ⅳ	Ⅴ	2010年的位置		Ⅰ	Ⅱ	Ⅲ	Ⅳ	Ⅴ
	Ⅰ	0.29	0.25	0.21	0.17	0.08		Ⅰ	0.42	0.26	0.18	0.10	0.04
	Ⅱ	0.24	0.23	0.24	0.14	0.15		Ⅱ	0.27	0.30	0.25	0.14	0.04
	Ⅲ	0.23	0.21	0.19	0.22	0.16		Ⅲ	0.17	0.23	0.27	0.22	0.11
	Ⅳ	0.16	0.20	0.18	0.22	0.25		Ⅳ	0.10	0.16	0.22	0.30	0.22
	Ⅴ	0.09	0.11	0.18	0.25	0.36		Ⅴ	0.04	0.05	0.09	0.24	0.59

相对于表 4－5，表 4－8 的趋势特征更为明显。对于起始期处于最低收入组到结束期仍处于最低收入组概率的p_{11}，1989—1997 年、1997—2006 年、2006—2015 年及 2010—2016 年依次为 0.30、0.28、0.29 和 0.42，这说明人均收入最低的 20% 家庭上升到更高收入阶层的机会没有明显改善，其低收入地位具有相当的稳定性；对于最高收入组转移概率p_{55}，四个阶段依次为 0.34、0.34、0.36 和 0.59，这意味着高收入者逐渐成为既得利益集团，人均收入最高的 20% 家庭其高收入地位在逐渐固化，他们的收入优势地位越来越稳固。

值得注意的是中间收入组转移概率，CHNS 样本显示，对于中间 20% 的家庭，其向下流动到较低收入组的概率，三个阶段依次为 0.40、0.42、0.44；而其向上流动到较高收入组的概率呈递减趋势，依次为 0.42、0.37、0.38，这说明中间收入组的家庭向下流动到较低收入组的可能性在逐渐变大，而其向上流动到较高收入组的机会在逐渐变少。由此可见，中间收入阶层相对收入下降的可能性往往高于上升的可能性，中国家庭要提升其自身所在的收入阶层具有相当大的困难，收入流动性正在使收入分配格局转为“葫芦形”，近期实现理想的“橄榄形”收入分配结构还有很大困难。

为了便于对不同阶段的收入流动性进行比较，以下分别从非时间依赖角度与位置变动角度测算基于各阶段收入转换矩阵的收入流动性指标。

(1) 非时间依赖指标的测算

本书选取了三个反映非时间依赖流动性的指标，即衡量所有个体离开初始收入组平均概率的M_1、衡量收入转换矩阵与完全非时间依赖矩阵之间距离的M_2及用1减去转换矩阵的第二大特征根绝对值构造的M_5。基于这三个指标的测算结果如表4－9所示。

表4－9　非时间依赖角度的收入流动性指标结果

	样本	阶段	M1	M2	M5
短期	CHNS	1989—1991	0.8747	0.8250	0.6209
		1991—1993	0.8507	0.8935	0.6079
		1993—1997	0.8736	0.9074	0.6031
		1997—2000	0.8823	0.7910	0.6412
		2000—2004	0.8955	0.7283	0.6492
		2004—2006	0.8518	0.9357	0.6047
		2006—2009	0.8594	0.8555	0.6153
		2009—2011	0.7897	1.4633	0.5222
		2011—2015	0.8572	0.8827	0.6349
	CFPS	2010—2012	0.8231	1.3511	0.5156
		2012—2014	0.7839	1.6837	0.4730
		2014—2016	0.7500	2.1194	0.4204
	CHIPS	1994—1996	0.5050	6.3052	0.1413
		2001—2003	0.4596	6.7950	0.1459
		2012—2014	0.3385	9.4426	0.1016
长期	CHNS	1989—1997	0.9118	0.4737	0.7163
		1997—2006	0.9293	0.5060	0.7032
		2006—2015	0.9282	0.4584	0.7068
	CFPS	2010—2016	0.7775	1.9405	0.4223

基于相邻两个调查年份收入转换矩阵的测算结果显示，从短期来看，M_1的值在2004年之前经历了小幅的上升，2004—2011年呈下降趋势，而2011—2015年又有所提升，这表明2004—2011年所有个体离开初始位置的平均概率在逐渐减小，而2011年以后这种情况有所改善；而衡量与完全非时间依赖矩阵距离的M_2指标值在1997年之前逐渐增大，1997—2004年呈递减趋势，表明1997年之前的流动性由强趋弱，而1997—2004年的流动性由弱转强，之后又趋弱。基于CFPS样本的测算结果显示，2010—2012年、2012—2014年及2014—2016年这三个阶段M_1的值呈递减趋势，意味着所有个体离开初始位置的概率在逐渐减小；三个阶段M_2的值在逐渐变大，说明收入转换矩阵与完全非时间依赖矩阵的距离在逐渐拉大；三个阶段M_5的值逐渐变小，说明所有个体两期收入所在组之间相关程度越来越大；这都表明，从非时间依赖视角来看，这三个阶段的收入流动性在逐次趋弱。基于CHIPS样本计算的结果也呈现出较为一致的变动趋势，1994—1996年、2001—2003年及2012—2014年这三个阶段非时间依赖视角的流动性在逐渐趋弱。

从长期来看，基于CHNS样本1989—1997年、1997—2006年及2006—2015年的三个阶段收入转换矩阵的指标结果显示，衡量个体离开初始收入组的平均概率M_1先增大后又有略微减小，衡量与完全非时间依赖矩阵的距离M_2值却呈现出先增大后减小，M_5值则先减小后又小幅增大，三个阶段的反映非时间依赖流动性指标测算结论不一致，非时间依赖角度的收入流动性并没有显著的升降趋势。

（2）位置变动指标的测算

对于反映收入位置变动的流动性指标，本书选取了反映流动性大小的惯性率、亚惯性率、平均阶差以及反映流动方向的相对流动比率。各阶段相应指标的测算结果见表4-10。

表 4-10　　基于位置变动的收入流动性指标结果

	样本	阶段	惯性率	亚惯性率	平均阶差	相对流动比率
短期	CHNS	1989—1991	0.3002	0.6859	1.4682	0.9927
		1991—1993	0.3194	0.6841	1.4420	1.0182
		1993—1997	0.3011	0.6972	1.4486	1.0409
		1997—2000	0.2941	0.6597	1.5163	0.9426
		2000—2004	0.2836	0.6562	1.5228	1.0247
		2004—2006	0.3186	0.6781	1.4311	0.9799
		2006—2009	0.3124	0.6658	1.4835	0.9677
		2009—2011	0.3683	0.7303	1.2828	0.9973
		2011—2015	0.3142	0.6737	1.4748	0.9827
	CFPS	2010—2012	0.3416	0.7122	1.3388	1.0354
		2012—2014	0.3729	0.7350	1.2552	1.0194
		2014—2016	0.4000	0.7656	1.1733	0.9666
	CHIPS	1994—1996	0.5960	0.9557	0.5710	0.9015
		2001—2003	0.6324	0.9342	0.5585	1.0153
		2012—2014	0.7292	0.9725	0.3850	0.8755
长期	CHNS	1989—1997	0.2706	0.6361	1.6123	1.0266
		1997—2006	0.2566	0.6536	1.6057	1.0025
		2006—2015	0.2575	0.6257	1.6297	1.0191
	CFPS	2010—2016	0.3780	0.7580	1.1904	1.0045

从反映收入位置相对稳定程度的惯性率和亚惯性率来看，CHNS样本的测算结果显示，2004 年之前的相对不流动比率有减小的趋势，2004 年之后有明显增大的趋势，2011—2015 年又发生了明显的下跌，意味着 2004 年之前的收入位置相对稳定程度在弱化，2004—2011 年间收入位置相对稳定程度在增强；从位置变动幅度大小来看，1991—2004 年平均阶差在逐渐增大，2004 年之后平均阶差在波动中下降，2011—2015 年又有所提升，这表明 2004 年之前的位置流

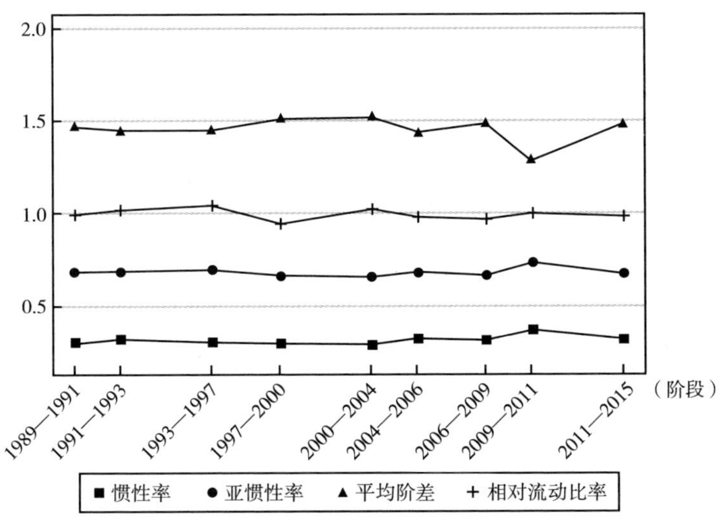

图 4－7　CHNS 样本的收入位置流动性变动趋势

动性在增强，2004 年之后的位置流动性逐渐减小，2011—2015 年的位置流动性有所提升。从相对流动的方向来看，由于相对流动比率值大于 1 说明整体而言收入向上流动占据主导地位，小于 1 意味着相对向下流动占据主导地位，基于短期转换矩阵的相对流动性比率值没有明显的趋势特征，具体如图 4－7 所示。

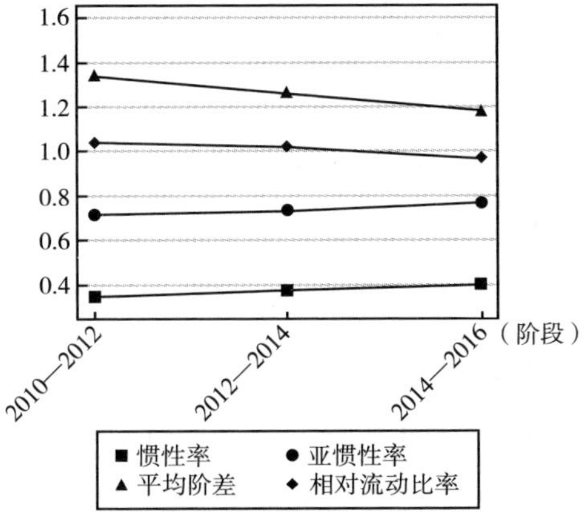

图 4－8　CFPS 样本的位置流动性变动趋势

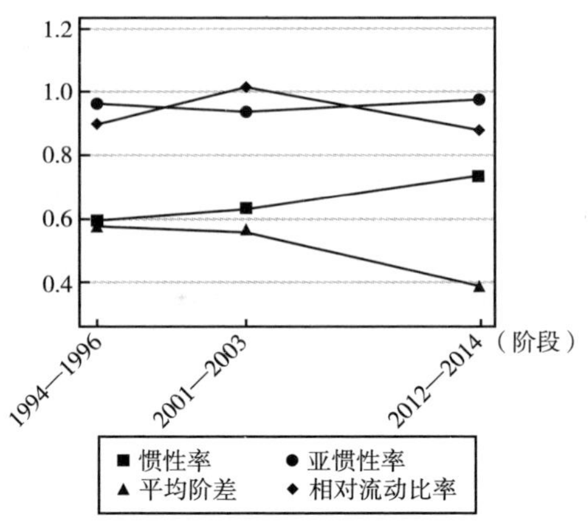

图 4 - 9　CHIPS 样本的位置流动性变动趋势

如图 4 - 8、图 4 - 9 所示，从短期来看，CFPS 及 CHIPS 样本的惯性率及亚惯性率呈增大趋势，平均阶差呈单调下降趋势，反映出相应阶段的位置流动性在降低。值得注意的是，同一时段上不同样本的相对流动比率指标并不完全一致，2012—2014 年基于 CFPS 样本的结果大于 1，显示出整体上是相对向上流动的，而基于 CHIPS 样本的结果却相反。

就 1989—1997 年、1997—2006 年及 2006—2015 年三个间隔年份更长的阶段而言，惯性率的测算结果在 1997—2006 年虽略有下降，但其亚惯性率却有所提升，这反映出在此期间收入位置只变动一个收入等级的个体比例有所提升；2006—2015 年的亚惯性率值变小且平均阶差值变大，这反映了位置流动性在 2006—2015 年有所改善。值得注意的是，这三个阶段上相对流动比率的值都大于 1，表示相对向上流动的个体数目要大于向下流动性的个体数，即相对向上流动占据主导地位，这说明从更长时间间隔来看，收入流动过程中总体上有利于多数人经济地位的提高。

值得注意的是，按照分位数分组时各组的家庭数相同，构造的收入转换矩阵是双随机矩阵，行和、列和都为 1，稳态条件比较容易得到满足，但也有一定的局限性。首先，基于分位数转换矩阵测度收入流动性时，结果容易受到收入分配不均等程度的影响，不难理解，对于相同的收入增长量，收入差距越小，个体跃迁到收入水平更高组别的可能性越大。也就是说，收入金字塔越扁平，从收入最低的20%阶层上升到更高一收入阶层所需的收入增长量越小，相反，如果收入金字塔更陡峭，同样上升一个收入阶层所需要的收入增长量就要更大。对于收入差距较为稳定的经济体，按照分位数分组构造转换矩阵对收入流动性的测算结果影响可能不是很大，但如果各年份的收入差距有变动，按照分位数分组构造转换矩阵进行收入流动性的测算可能会存在问题。其次，通过分位数矩阵无法反映出Kuznets（1966）所指出的“向上流动代表着收入增加，向下流动意味着收入下降”现象，也就是说，分位数矩阵只能反映收入位次的变动，无法反映收入水平是否发生了变动，Hart（1983）和Atkinson et al.（1992）对此也提出了质疑。最后，分位数分组要求每一收入组中的个体数目都相同且保持不变，在某一个体移动到更高收入组时必定会使另一个体移动到较低收入组，其合理性也不免有争议。为了克服分位数转换矩阵的不足，本书还依据距离收入中位数的偏差划分收入组，构造基于中位数分组的收入转换矩阵。

2. 基于中位数转换矩阵的测算

如果两个年份的收入中位数相同，那么这两个年份的收入分组也是完全相同的，但是当两年收入离差不同时，相同的收入分组代表的却是不同的群体。与收入差距较小的年份相比，收入差距较大的年份会有更多的个体处于低于收入中位数0.5倍的收入组中。尽管如此，在这个新的收入转换矩阵中，绝对收入增长相同的个体在这两个不同年份里穿越收入组边界的可能性是相等的。定义收入低于收入中位数0.5倍的家庭为第一组，收入介于中位数0.5倍至1倍的家庭为第二组，收入介于收入中位数1倍至1.5倍的家庭构成第三组，收入介于收入中位数1.5倍至2倍的家庭构成第四组，收入高于收入中位数 2 倍的家庭为第五组，分别标示为 I 到 V，与分位数分组法不同，根据中位数偏差进行分组时每组的个体数通常不再相等，历年各组家庭数占比情况见表 4 - 11。

表 4 - 11　　历年各组家庭数占比情况　　（%）

样本	组别 / 年份	Ⅰ	Ⅱ	Ⅲ	Ⅳ	Ⅴ	合计
CHNS	1989	21.27	28.68	23.45	12.38	14.21	100.00
	1991	18.92	31.12	21.62	14.47	13.86	100.00
	1993	19.53	30.51	19.79	12.03	18.13	100.00
	1997	18.31	31.73	20.58	11.77	17.61	100.00
	2000	24.24	25.81	20.58	13.60	15.78	100.00
	2004	23.37	26.68	19.88	9.59	20.49	100.00
	2006	24.15	25.89	18.66	10.90	20.40	100.00
	2009	23.01	27.12	18.29	12.95	18.64	100.00
	2011	25.46	24.50	16.65	12.82	20.58	100.00
	2015	28.68	21.36	16.39	10.20	23.37	100.00
CFPS	2010	23.98	26.02	16.90	10.35	22.75	100.00
	2012	28.16	21.84	16.90	11.59	21.52	100.00
	2014	27.58	22.42	18.28	10.66	21.06	100.00
	2016	26.19	23.80	14.86	11.25	23.90	100.00
CHIPS	1994	25.87	24.12	18.55	13.70	17.76	100.00
	1996	25.88	24.10	19.16	13.56	17.30	100.00
	2001	20.18	29.79	17.20	11.15	21.67	100.00
	2003	21.74	28.25	16.10	10.52	23.38	100.00
	2012	20.00	29.58	19.03	11.92	19.46	100.00
	2014	20.15	29.85	20.02	11.61	18.37	100.00

根据中位数转换矩阵测度收入流动性，可以将收入位置变动与收入水平的变动较好地联系起来，对收入流动性的把握更为全面。

相邻调查年份的收入中位数分组基础上的转换矩阵测算结果见表4－12、表4－13及表4－14。各阶段的中位数转换矩阵测算结果显示，矩阵每一行的元素之和为1，每一列的元素之和不再等于1。

表4－12　基于CHNS相邻调查年份的收入中位数转换矩阵

1989—1991年收入中位数转换矩阵		1991年的位置				
		Ⅰ	Ⅱ	Ⅲ	Ⅳ	Ⅴ
1989年的位置	Ⅰ	0.34	0.36	0.16	0.08	0.05
	Ⅱ	0.21	0.39	0.22	0.11	0.07
	Ⅲ	0.15	0.32	0.26	0.15	0.12
	Ⅳ	0.08	0.20	0.23	0.23	0.26
	Ⅴ	0.07	0.16	0.20	0.24	0.33

1991—1993年收入中位数转换矩阵		1993年的位置				
		Ⅰ	Ⅱ	Ⅲ	Ⅳ	Ⅴ
1991年的位置	Ⅰ	0.36	0.33	0.16	0.08	0.07
	Ⅱ	0.21	0.41	0.19	0.11	0.09
	Ⅲ	0.16	0.31	0.25	0.12	0.16
	Ⅳ	0.13	0.17	0.20	0.17	0.33
	Ⅴ	0.06	0.17	0.19	0.16	0.42

1993—1997年收入中位数转换矩阵		1997年的位置				
		Ⅰ	Ⅱ	Ⅲ	Ⅳ	Ⅴ
1993年的位置	Ⅰ	0.31	0.39	0.16	0.07	0.07
	Ⅱ	0.22	0.40	0.21	0.08	0.09
	Ⅲ	0.12	0.30	0.28	0.12	0.18
	Ⅳ	0.15	0.22	0.17	0.20	0.26
	Ⅴ	0.07	0.18	0.19	0.17	0.38

1997—2000年收入中位数转换矩阵		2000年的位置				
		Ⅰ	Ⅱ	Ⅲ	Ⅳ	Ⅴ
1997年的位置	Ⅰ	0.37	0.30	0.20	0.07	0.06
	Ⅱ	0.31	0.31	0.18	0.10	0.09
	Ⅲ	0.22	0.24	0.25	0.16	0.12
	Ⅳ	0.12	0.19	0.27	0.15	0.27
	Ⅴ	0.08	0.18	0.16	0.23	0.34

2000—2004年收入中位数转换矩阵		2004年的位置				
		Ⅰ	Ⅱ	Ⅲ	Ⅳ	Ⅴ
2000年的位置	Ⅰ	0.35	0.36	0.17	0.05	0.08
	Ⅱ	0.27	0.30	0.23	0.07	0.13
	Ⅲ	0.20	0.26	0.20	0.13	0.21
	Ⅳ	0.16	0.21	0.23	0.12	0.28
	Ⅴ	0.11	0.12	0.16	0.15	0.46

2004—2006年收入中位数转换矩阵		2006年的位置				
		Ⅰ	Ⅱ	Ⅲ	Ⅳ	Ⅴ
2004年的位置	Ⅰ	0.43	0.30	0.12	0.06	0.10
	Ⅱ	0.29	0.30	0.23	0.07	0.11
	Ⅲ	0.20	0.30	0.21	0.13	0.17
	Ⅳ	0.10	0.20	0.18	0.21	0.31
	Ⅴ	0.07	0.14	0.20	0.15	0.43

续表

2006—2009 年收入中位数转换矩阵							2009—2011 年收入中位数转换矩阵					
	2009 年的位置							2011 年的位置				
		Ⅰ	Ⅱ	Ⅲ	Ⅳ	Ⅴ			Ⅰ	Ⅱ	Ⅲ	Ⅳ	Ⅴ
2006 年的位置	Ⅰ	0.39	0.32	0.13	0.10	0.06	2009 年的位置	Ⅰ	0.48	0.25	0.16	0.06	0.05
	Ⅱ	0.26	0.36	0.15	0.12	0.11		Ⅱ	0.29	0.35	0.16	0.10	0.11
	Ⅲ	0.16	0.28	0.25	0.15	0.16		Ⅲ	0.18	0.29	0.22	0.15	0.16
	Ⅳ	0.20	0.21	0.22	0.16	0.21		Ⅳ	0.14	0.15	0.19	0.22	0.31
	Ⅴ	0.09	0.13	0.21	0.14	0.44		Ⅴ	0.09	0.11	0.12	0.17	0.52
2011—2015 年收入中位数转换矩阵												
	2015 年的位置											
		Ⅰ	Ⅱ	Ⅲ	Ⅳ	Ⅴ							
2011 年的位置	Ⅰ	0.45	0.21	0.15	0.08	0.12							
	Ⅱ	0.34	0.27	0.17	0.08	0.14							
	Ⅲ	0.26	0.23	0.15	0.15	0.22							
	Ⅳ	0.13	0.23	0.24	0.13	0.27							
	Ⅴ	0.15	0.12	0.14	0.11	0.48							

表 4-13　基于 CFPS 相邻调查年份的收入中位数转换矩阵

2010—2012 年收入中位数转换矩阵							2012—2014 年收入中位数转换矩阵					
	2012 年的位置							2014 年的位置				
		Ⅰ	Ⅱ	Ⅲ	Ⅳ	Ⅴ			Ⅰ	Ⅱ	Ⅲ	Ⅳ	Ⅴ
2010 年的位置	Ⅰ	0.48	0.25	0.14	0.07	0.06	2012 年的位置	Ⅰ	0.49	0.26	0.13	0.06	0.05
	Ⅱ	0.34	0.28	0.19	0.10	0.09		Ⅱ	0.30	0.31	0.21	0.08	0.10
	Ⅲ	0.22	0.24	0.22	0.15	0.17		Ⅲ	0.20	0.24	0.27	0.13	0.16
	Ⅳ	0.16	0.19	0.19	0.19	0.27		Ⅳ	0.16	0.19	0.22	0.19	0.23
	Ⅴ	0.10	0.11	0.14	0.12	0.53		Ⅴ	0.09	0.09	0.13	0.12	0.57

续表

2014—2016 年收入中位数转换矩阵						
		2016 年的位置				
		Ⅰ	Ⅱ	Ⅲ	Ⅳ	Ⅴ
2014 年的位置	Ⅰ	0.48	0.28	0.11	0.06	0.07
	Ⅱ	0.31	0.35	0.17	0.09	0.08
	Ⅲ	0.19	0.26	0.23	0.16	0.16
	Ⅳ	0.12	0.18	0.18	0.22	0.30
	Ⅴ	0.06	0.08	0.08	0.12	0.67

表 4-14　　基于 CHIPS 样本的中位数转换矩阵

1994—1996 年收入中位数转换矩阵							2001—2003 年收入中位数转换矩阵						
		1996 年的位置							2003 年的位置				
		Ⅰ	Ⅱ	Ⅲ	Ⅳ	Ⅴ			Ⅰ	Ⅱ	Ⅲ	Ⅳ	Ⅴ
1994 年的位置	Ⅰ	0.80	0.17	0.02	0.01	0.00	2001 年的位置	Ⅰ	0.73	0.23	0.03	0.01	0.01
	Ⅱ	0.21	0.58	0.15	0.04	0.02		Ⅱ	0.20	0.62	0.14	0.03	0.01
	Ⅲ	0.01	0.27	0.45	0.19	0.08		Ⅲ	0.05	0.23	0.48	0.17	0.07
	Ⅳ	0.00	0.03	0.39	0.35	0.22		Ⅳ	0.02	0.07	0.20	0.43	0.28
	Ⅴ	0.00	0.01	0.07	0.23	0.69		Ⅴ	0.00	0.02	0.03	0.09	0.85
2012—2014 年收入中位数转换矩阵													
		2014 年的位置											
		Ⅰ	Ⅱ	Ⅲ	Ⅳ	Ⅴ							
2012 年的位置	Ⅰ	0.82	0.15	0.02	0.01	0.01							
	Ⅱ	0.12	0.75	0.11	0.02	0.01							
	Ⅲ	0.01	0.23	0.64	0.10	0.02							
	Ⅳ	0.00	0.02	0.35	0.49	0.14							
	Ⅴ	0.00	0.01	0.01	0.17	0.81							

对基于中位数分组的收入转换矩阵与基于分位数分组的收入转换矩阵进行比较分析可以发现，两种分组方法构造的转换矩阵中同

一收入组转移概率的变动趋势基本一致。值得注意的是对于第三组而言，中位数分组方法测算的其向下流动到更低收入组的可能性要比分位数分组测算的可能性更大，基于 CHNS、CFPS 与 CHIPS 三个样本的结果都是如此。

基于更长时间间隔的中位数转换矩阵如表 4 – 15 所示。基于 CHNS 样本的三个转换矩阵测算结果显示，三个阶段的p_{11}值逐渐变大，依次为 0.26、0.35、0.39，p_{55}值也在逐渐升高，依次为 0.31、0.35、0.41，这反映出最低收入组与最高收入组留在本组的概率在逐渐增大，意味着低于收入中位数 0.5 倍的家庭与收入超过中位数 2 倍的家庭，即收入分布两端的家庭其收入地位在逐渐固化，这一结论与分位数转换矩阵的测算结果一致。

表 4 – 15　基于更长时间间隔的收入中位数转换矩阵

1989—1997 年收入中位数转换矩阵（CHNS）							1997—2006 年收入中位数转换（CHNS）						
	1997 年的位置							2006 年的位置					
		Ⅰ	Ⅱ	Ⅲ	Ⅳ	Ⅴ			Ⅰ	Ⅱ	Ⅲ	Ⅳ	Ⅴ
1989年的位置	Ⅰ	0.26	0.42	0.16	0.07	0.09	1997年的位置	Ⅰ	0.33	0.29	0.17	0.09	0.11
	Ⅱ	0.20	0.36	0.22	0.10	0.11		Ⅱ	0.27	0.32	0.20	0.08	0.13
	Ⅲ	0.13	0.30	0.26	0.10	0.21		Ⅲ	0.26	0.22	0.19	0.11	0.23
	Ⅳ	0.21	0.20	0.19	0.15	0.25		Ⅳ	0.10	0.27	0.19	0.14	0.30
	Ⅴ	0.09	0.20	0.17	0.23	0.31		Ⅴ	0.15	0.15	0.18	0.17	0.35
2006—2015 年收入中位数转换矩阵（CHNS）							2010—2016 年收入中位数转换（CFPS）						
	2015 年的位置							2016 年的位置					
		Ⅰ	Ⅱ	Ⅲ	Ⅳ	Ⅴ			Ⅰ	Ⅱ	Ⅲ	Ⅳ	Ⅴ
2006年的位置	Ⅰ	0.39	0.24	0.17	0.09	0.11	2010年的位置	Ⅰ	0.50	0.28	0.12	0.05	0.05
	Ⅱ	0.34	0.24	0.15	0.09	0.17		Ⅱ	0.33	0.32	0.17	0.10	0.08
	Ⅲ	0.27	0.19	0.16	0.09	0.29		Ⅲ	0.17	0.29	0.22	0.14	0.19
	Ⅳ	0.23	0.21	0.20	0.13	0.23		Ⅳ	0.14	0.19	0.19	0.18	0.31
	Ⅴ	0.14	0.17	0.16	0.13	0.41		Ⅴ	0.06	0.09	0.09	0.14	0.62

而对于中间收入组的结论则有所不同，如果同时考虑所在收入等级变动与收入水平的变动，表 4 - 15 的测算结果显示，CHNS 样本的三个阶段中中间收入组向下流动到更低收入组的概率依次为 0.43、0.48 与 0.46，向上流动到更高收入组的概率依次为 0.31、0.34 与 0.38，尽管向上流动到更高收入组的概率在逐渐增大，但是很明显，各阶段中间收入组中的家庭其向下流动的概率都要大于向上流动的概率，这也表明在收入流动过程中人均收入水平介于中位数与 1.5 倍中位数之间的家庭并没有获益更多，其相对收入地位存在着更大的向下流动风险。

基于中位数转换矩阵的收入流动性指标测算结果见表 4 - 16。与表 4 - 10 的结果相比，各阶段的收入流动性差异程度有所改变，但整体局面仍然保持不变。短期来看，基于 CHNS 样本的结果显示，1991—2004 年间收入流动性经历了一个由弱趋强，2004 年之后再趋弱的过程，2011—2015 年间流动性又有所提升。而基于 CFPS 样本的各指标测算结果一致显示，2010—2012 年、2012—2014 年及 2014—2016 年的收入流动性呈逐次下降趋势，基于 CHIPS 样本的测算结果显示，1994—1996 年、2001—2003 年及 2012—2014 年的收入流动性也呈下降趋势，这都与分位数矩阵的结论基本一致。CHNS 样本与 CFPS 样本的测算结果显示，相对流动比率的值都小于 1，这表明相应阶段上的收入是相对向下流动的，即流动到更低收入等级的个体数要大于流动到更高收入等级的个体数，长期的结果也是如此，这与分位数矩阵的测算结论并不一致，究其原因在于两种矩阵构造过程中分组方法的不同。

表 4 - 16　基于中位数转换矩阵的收入流动性指标结果

	样本	阶段	惯性率	亚惯性率	平均阶差	$1-\vert\lambda_2\vert$	相对流动比率
短期	CHNS	1989—1991	0.3082	0.7068	1.3924	0.6126	0.8526
		1991—1993	0.3203	0.6879	1.4245	0.6034	0.9224

续表

	样本	阶段	惯性率	亚惯性率	平均阶差	$1-\vert\lambda_2\vert$	相对流动比率
短期	CHNS	1993—1997	0.3146	0.6847	1.4421	0.6240	0.9066
		1997—2000	0.2849	0.6780	1.4842	0.6263	0.7741
		2000—2004	0.2884	0.6702	1.5076	0.6031	0.9097
		2004—2006	0.3149	0.6933	1.4303	0.5831	0.8600
		2006—2009	0.3191	0.6652	1.4799	0.6097	0.8041
		2009—2011	0.3556	0.7181	1.3442	0.5055	0.8750
		2011—2015	0.2967	0.6385	1.5808	0.6296	0.8074
	CFPS	2010—2012	0.3400	0.6896	1.4012	0.5191	0.8211
		2012—2014	0.3651	0.7084	1.3284	0.4826	0.8086
		2014—2016	0.3909	0.7473	1.2257	0.3964	0.9306
	CHIPS	1994—1996	0.5734	0.9414	0.6184	0.1492	0.7381
		2001—2003	0.6226	0.9312	0.5770	0.1220	1.0608
		2012—2014	0.7006	0.9750	0.4159	0.1296	0.6291
长期	CHNS	1989—1997	0.2670	0.6527	1.5888	0.7241	0.9021
		1997—2006	0.2709	0.6194	1.6303	0.6973	0.8591
		2006—2015	0.2658	0.5819	1.7292	0.7013	0.8078
	CFPS	2010—2016	0.3679	0.7357	1.2657	0.4177	0.8853

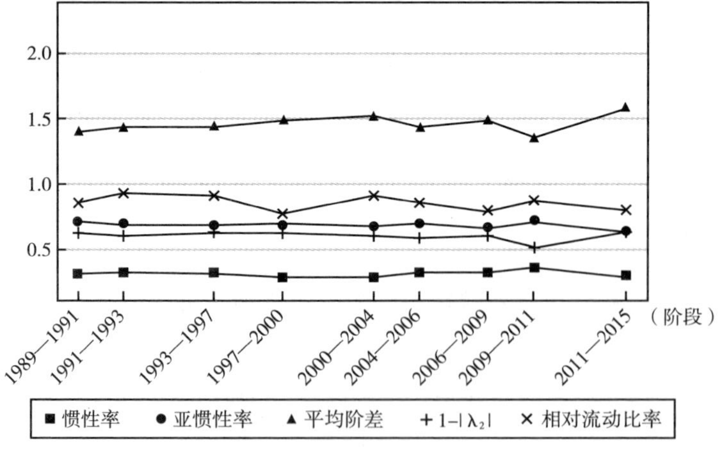

图 4－10　CHNS 基于中位数矩阵的位置流动性变动趋势

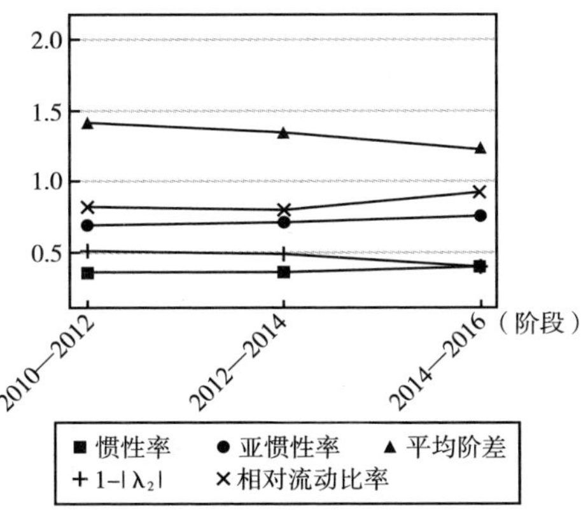

图 4-11　CFPS 基于中位数矩阵的位置流动性

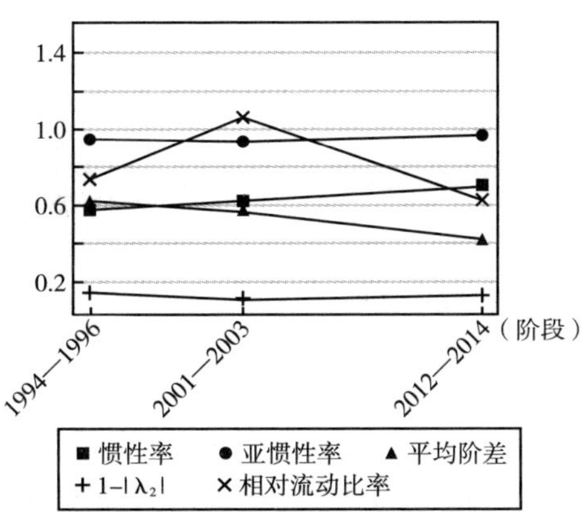

图 4-12　CHIPS 基于中位数矩阵的位置流动性

（三）基于位次变动的收入流动性指数测算

采用绝对值距离指数与欧氏距离指数对基于位次变动视角的收入流动性进行测度，相应的测算结果如表 4-17 所示。

表 4-17　基于位次变动的收入流动性指数测算结果

	样本	阶段	绝对值距离指数	欧氏距离指数
短期	CHNS	1989—1991	0.4945	0.5540
		1991—1993	0.4890	0.5542
		1993—1997	0.4905	0.5509

续表

	样本	阶段	绝对值距离指数	欧氏距离指数
短期	CHNS	1997—2000	0.5092	0.5620
		2000—2004	0.5137	0.5653
		2004—2006	0.4823	0.5421
		2006—2009	0.4921	0.5546
		2009—2011	0.4393	0.5080
		2011—2015	0.5031	0.5664
	CFPS	2010—2012	0.4500	0.5131
		2012—2014	0.4234	0.4937
		2014—2016	0.3979	0.4735
	CHIPS	1994—1996	0.1939	0.2364
		2001—2003	0.1894	0.2527
		2012—2014	0.1242	0.1830
长期	CHNS	1989—1997	0.5426	0.5988
		1997—2006	0.5383	0.5925
		2006—2015	0.5460	0.5936
	CFPS	2010—2016	0.4032	0.4649

图 4-13 直观地反映了基于 CHNS 样本相邻调查年份的两个位次流动指数的变动趋势。分阶段来看，2004 年之前两个基于位次变动的流动性指数经历了缓慢上升过程，2004 年之后开始在波动中呈明显的下降趋势，值得注意的是 2011—2015 年又有明显的上升倾向。对绝对值距离指数与欧氏距离指数的结果进行对比可以发现，欧氏距离指数的值更大，这体现了欧氏距离指数对位次变动更敏感的特性。基于 CFPS 样本的位次流动性指数变动趋势图 4-14 显示，2010—2012 年、2012—2014 年及 2014—2016 年的三个阶段中，位次流动性指数在逐渐降低。基于 CHIPS 样本的位次流动性指数显示，1994—1996 年、2001—2003 年及 2012—2014 年三个阶段也呈明显的下降趋势，意味着收入相对地位有逐渐固化的迹象。

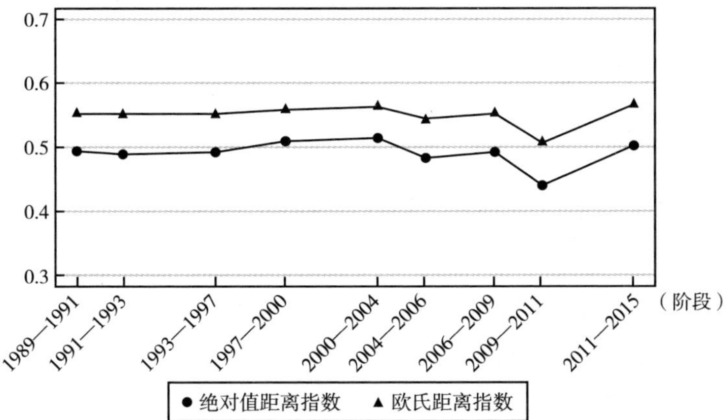

图 4-13 基于 CHNS 样本的收入位次流动性指数

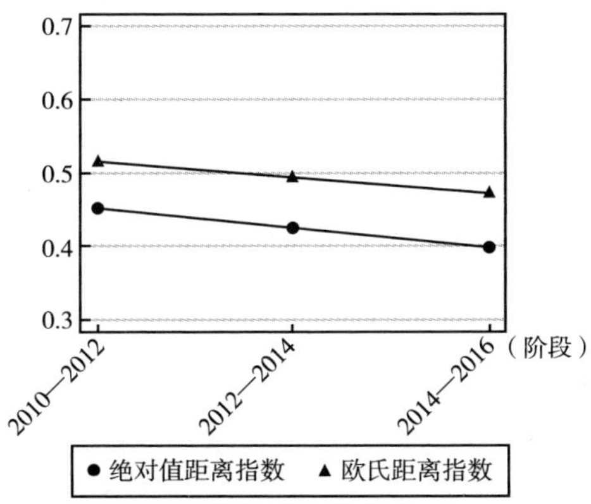

图 4-14 基于 CFPS 样本的收入位次流动性指数

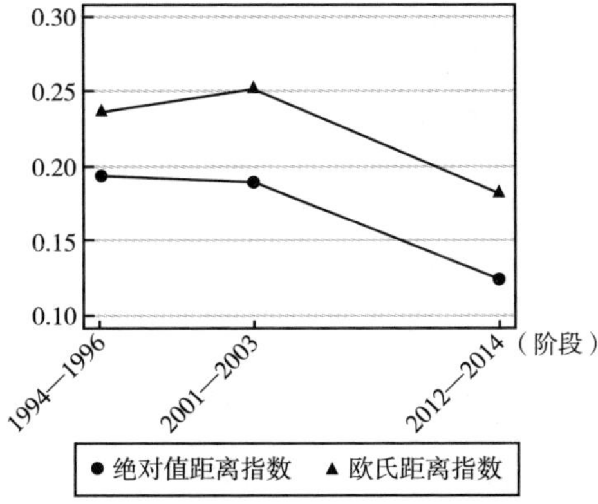

图 4-15 基于 CHIPS 样本的收入位次流动性指数

（四）基于收入份额变动的流动性指数测算

根据本书新构建的份额流动性指数M_{S1}和M_{S2}测算的收入份额流动性结果见表4－18。

表4－18　收入份额变动的流动性指数测算结果

	样本	阶段	M_{S1}	M_{S2}
短期	CHNS	1989—1991	0.0792	0.0206
		1991—1993	0.0765	0.0177
		1993—1997	0.0786	0.0201
		1997—2000	0.0887	0.0205
		2000—2004	0.0943	0.0217
		2004—2006	0.1296	0.0246
		2006—2009	0.1055	0.0211
		2009—2011	0.1238	0.0216
		2011—2015	0.1432	0.0244
	CFPS	2010—2012	0.0169	0.0134
		2012—2014	0.0157	0.0126
		2014—2016	0.0360	0.0116
	CHIPS	1994—1996	0.1903	0.0015
		2001—2003	0.0032	0.0002
		2012—2014	0.0026	0.0002
长期	CHNS	1989—1997	0.0843	0.0239
		1997—2006	0.1270	0.0221
		2006—2015	0.1661	0.0232
	CFPS	2010—2016	0.0367	0.0121

注：表中的指数值是扩大100倍之后的结果。

如果将收入份额的增加与减少同等看待，无方向的收入份额流动性指数M_{S1}测算的结果显示，从短期来看，基于CHNS样本1989—2015年相邻调查年份间的收入份额流动性在波动中呈上升趋势；而基于 CFPS 样本的结果显示，2012—2014 年的无方向份额流动性指数有所降低，而 2014—2016 年又有较大幅度的提升；基于 CHIPS 样本的计算结果则显示，三个阶段无方向的收入份额流动性一直在下降，与 CHNS 及 CFPS 样本的结论并不一致，这可能是因为 CHIPS 各阶段的样本并不完全相同，样本量也有所差异。长期来看，CHNS 样本的无方向收入份额流动性指数呈现稳步上升趋势，与短期的结论一致，表明无方向的份额流动性在逐渐增大。

有方向的收入份额变动指数M_{S2}主要用来判断收入流动性是否有利于低收入阶层，具体的测算结果见表 4 - 18 的第 2 列。结果显示，每个阶段的M_{S2}都大于 0，意味着收入份额流动性整体上是有利于低收入家庭的份额提高。基于 CHNS 1989—2015 年各相邻调查年份间的M_{S2}值对比分析可以发现，收入份额流动性并无明显的升降趋势，整体维持在 0.02 左右；而基于 CFPS 样本的结果显示，2010—2012 年、2012—2014 年及 2014—2016 年三个阶段的M_{S2}值在逐渐降低，说明这三个阶段有方向的份额流动性是在降低的；基于 CHIPS 样本 1994—1996 年、2001—2003 年及 2012—2014 年三个阶段的M_{S2}测算结果也在逐渐变小，这意味着相应阶段上收入流动性的合意程度在逐渐下降。

二、城乡相对收入流动性的比较分析

我国经济发展的过程中，城乡二元经济结构特征显著，城镇与农村的经济发展不平衡，在此背景下城镇与农村居民的收入水平存在较大差异，其相对收入流动性也不完全一致，而基于全国层面上的数据综合分析可能无法把握城乡家庭各自收入流动性的特征，因此，缩小研究范围，分别从城镇与农村两个层面对相对收入流动性进行测算并比较其异同可能更有应用价值。以下主要基于 CHNS 与 CFPS 样本进行分析，着重关注时间区间近似相等情形下的相对收入流动性，对于 CHNS 样本，主要分析 1989—1997 年、1997—2006 年及2006—2015年年份间隔近似相等的三个时段，对于CFPS样本，重点考察2010—2012年、2012—2014年及2014—2016年三个时段上的相对流动性。

（一）基于非时间依赖的城乡流动性比较分析

CHNS样本中的城乡收入流动性测算结果如表4-19所示。反映家庭离开初始收入组平均概率的M_1显示，在1989—1997年、1997—2006年及2006—2015年的三个阶段中，城镇家庭离开初始收入组的可能性在逐渐变小，而农村家庭离开初始收入组的可能性在逐渐增大，且农村家庭离开初始收入组的机会相对于城镇家庭更大。从衡量与完全非时间依赖矩阵距离的M_2来看，城镇家庭的收入转换矩阵与完全非时间依赖矩阵的距离越来越远，尤其是1997—2006年更是经历了一个较大幅度的上升；而农村的结果显示三个阶段的收入转换矩阵与完全非时间依赖的距离经历了一个逐渐缩短的过程。此外，随着时间的推移，城镇家庭的M_5指标值在逐渐变小，意味着城镇家庭始期与末期收入所在组的相关系数在增大，而农村家庭的M_5指标值并不存在单调增减的趋势。综合三个指标的结果可以发现，就1989—1997年、1997—2006年及2006—2015年这三个阶段而言，从非时间依赖角度来看，农村家庭的收入流动性在逐渐增大，城镇家庭的收入流动性在逐渐减小，且相对于城镇，农村的收入流动性更强，三个阶段都是如此。

表4-19 基于CHNS样本非时间依赖角度的城乡收入流动性指标结果

阶段	城镇			农村		
	M1	M2	M5	M1	M2	M5
1989—1997	0.9054	0.6435	0.8026	0.9271	0.4544	0.7252
1997—2006	0.8649	1.0745	0.6844	0.9349	0.4509	0.7151
2006—2015	0.8446	1.1768	0.6082	0.9427	0.3977	0.7305

相较于 CHNS 样本，CFPS 样本侧重于 2010 年以后的收入流动情况，且其两期时间间隔更短。表 4－20 列示了基于 CFPS 样本的城镇与农村非时间依赖意义上的收入流动性测算结果，对比分析可以发现，2010—2012 年、2012—2014 年及 2014—2016 年三个阶段中，反映城镇家庭与农村家庭离开初始收入组概率的 M_1 值都在逐次减小，衡量与完全非时间依赖矩阵距离的 M_2 值也都在逐渐增大，M_5 指标值也在逐渐变小，这都表明就这三个阶段而言，城镇家庭与农村家庭的非时间依赖流动性都在减弱。分城乡来看，各阶段中农村家庭的 M_1 值要大于城镇家庭，农村家庭的 M_2 值明显低于城镇家庭，且农村家庭相应阶段上的 M_5 指标值高于城镇家庭，三个指标一致表明，农村家庭的非时间依赖流动性要强于城镇家庭。

表 4－20 基于 CFPS 样本非时间依赖角度的城乡收入流动性指标结果

阶段	城镇			农村		
	M1	M2	M5	M1	M2	M5
2010—2012	0. 7785	1. 8760	0. 4493	0. 8921	0. 5558	0. 6867
2012—2014	0. 7563	2. 1637	0. 4084	0. 8403	0. 8732	0. 6299
2014—2016	0. 7028	2. 7748	0. 3766	0. 8366	1. 0347	0. 5808

（二）基于收入位置变动的城乡流动性比较分析

基于收入位置变动的城乡收入流动性指标测算结果如表 4－21、表 4－22 所示。

表 4－21 基于 CHNS 样本的位置变动角度的城乡收入流动性指标结果

阶段	城镇				农村			
	惯性率	亚惯性率	平均阶差	相对流动比率	惯性率	亚惯性率	平均阶差	相对流动比率
1989—1997	0. 2757	0. 6216	1. 6892	1. 1429	0. 2583	0. 6167	1. 6563	1. 0313

续表

阶段	城镇				农村			
	惯性率	亚惯性率	平均阶差	相对流动比率	惯性率	亚惯性率	平均阶差	相对流动比率
1997—2006	0.3081	0.6649	1.5270	1.0806	0.2521	0.6354	1.6328	0.9972
2006—2015	0.3243	0.7081	1.4324	1.1356	0.2458	0.6125	1.6745	1.0083

表 4-22　基于 CFPS 样本的位置变动角度的城乡收入流动性指标结果

阶段	城镇				农村			
	惯性率	亚惯性率	平均阶差	相对流动比率	惯性率	亚惯性率	平均阶差	相对流动比率
2010—2012	0.3772	0.7486	1.2052	1.0364	0.2863	0.6454	1.5660	1.0374
2012—2014	0.3950	0.7764	1.1361	1.0384	0.3278	0.6821	1.4439	1.0306
2014—2016	0.4378	0.8133	1.0375	0.8801	0.3308	0.6952	1.4147	0.9847

CHNS 样本的测算结果显示，从城镇家庭的情况来看，1989—1997 年、1997—2006 年及 2006—2015 年这三个阶段上，城镇家庭反映不流动比率的惯性率及亚惯性率值在逐渐升高，反映移动幅度大小的平均阶差值来看，平均移动的步幅在逐渐缩小，这说明城镇家庭的收入位置流动性在减弱；农村家庭的结果显示，反映不流动比率的惯性率值在逐渐变小，反映移动幅度大小的平均阶差值在 1997—2006 年又小幅下降，但在 2006—2015 年又升至 1.6745，这说明农村家庭的收入位置流动性有渐强趋势。

对比城镇与农村的结果可以发现，农村家庭的相对不流动比率都低于相应阶段上的城镇家庭，这意味着农村家庭两期收入所在组发生变动的可能性更大；从反映位置移动幅度大小的平均阶差值来看，1989—1997 年城镇家庭的平均移动步幅大于农村家庭，而 1997—2006 年与 2006—2015 年农村家庭的平均移动步幅更大；

从衡量收入流动性质量的指标来看，各阶段城镇家庭的相对流动比率值都大于1且都要高于农村家庭，这说明在此期间的收入流动过程中，城镇家庭的向上流动的比重更大，收入流动质量高于农村。

基于CFPS样本的测算结果如表4－22所示。测算结果显示，2010—2012年、2012—2014年与2014—2016年这三个阶段上，城镇与农村反映不流动比率的惯性率及亚惯性率值都在逐渐升高，反映移动幅度大小的平均阶差值在逐渐降低，说明平均移动的步幅在逐渐缩小，这些都反映出这三个阶段上城镇与农村收入位置流动性都在逐渐减弱。从衡量收入流动性质量的指标来看，前两个阶段中，向上流动比率都大于向下流动比率，然而第三个阶段城镇家庭与农村家庭的相对流动比率值都小于1，意味着2014—2016年收入位置向下流动的比例超过了向上流动的比例，城镇与农村的收入流动性质量都有所下降。

通过城乡对比可以发现，三个阶段中城镇家庭的惯性率和亚惯性率值都要高于相应阶段上农村家庭的值，同时，城镇家庭的平均阶差也低于农村家庭，这反映出城镇家庭的相对不流动比率更高且位置移动幅度更小，即城镇家庭的位置流动性低于农村家庭。

（三）基于收入份额变动的城乡流动性比较分析

基于CHNS样本测算的城镇与农村无方向的收入份额流动性指数M_{S1}及有方向的收入份额流动性指数M_{S2}的结果如表4－23所示。无方向的收入份额流动性指数结果显示，在1989—1997年、1997—2006年与2006—2015年三个时段中，城镇和农村的份额流动性都在逐渐上升，且城镇家庭的M_{S1}值明显高于农村家庭，意味着城镇家庭无方向的收入流动性强于农村家庭；有方向的收入份额流动性指数M_{S2}的测算结果显示，城镇家庭与农村家庭有方向份额流动性在1997—2006年都有小幅下降，但在2006—2015年又都有所增强，在三个考察时段中城镇家庭有方向的份额流动指数值高于农村家庭，这意味着从收入份额变动视角来看，城镇家庭的收入份额流动更有利于低收入家庭收入份额的提升。

表 4－23　CHNS 样本收入份额变动的城乡流动性指数测算结果

年份	城镇		农村	
	M_{S1}	M_{S2}	M_{S1}	M_{S2}
1989—1997	0. 4876	0. 1131	0. 1021	0. 0304
1997—2006	0. 5860	0. 1114	0. 1594	0. 0273
2006—2015	0. 7265	0. 1262	0. 2100	0. 0282

注：表中的指数值是扩大 100 倍之后的结果。

基于 CFPS 样本的测算结果见表 4－24。就 2010—2012 年、2012—2014 年与 2014—2016 年这三个阶段而言，无方向的份额流动性指数 M_{S1} 结果显示，城镇家庭无方向的收入份额流动性在逐渐增强，而农村家庭的收入份额流动经历了先降后升的变动过程；有方向的份额流动性指数 M_{S2} 测算结果显示，三个阶段上城镇家庭与农村家庭有方向的收入份额流动性指数值都在下降，且农村家庭的下降趋势更为明显，表明城镇与农村低收入家庭收入份额提升的幅度在逐渐变小。

表 4－24　CFPS 样本收入份额变动的城乡流动性指数测算结果

年份	城镇		农村	
	M_{S1}	M_{S2}	M_{S1}	M_{S2}
2010—2012	0. 0330	0. 0052	0. 0364	0. 0059
2012—2014	0. 0345	0. 0050	0. 0284	0. 0056
2014—2016	0. 0379	0. 0050	0. 1039	0. 0051

注：表中的指数值是扩大 100 倍之后的结果。

三、不同地区相对收入流动性的比较分析

长期以来，我国东中西部地区经济发展不平衡，经济发展滞后地区居民的生活水平及收入水平与经济发达地区存在很大的差距，使用全国层面上的数据进行分析虽然可以综合反映家庭收入流动性的整体状态，但分析结果可能难以反映地区之间的差异。因此，研究家庭收入流动性时，适当缩小范围进行不同地区之间的比较分析可能具有特别的说服力。

本书按照国家统计局对我国东、中、西部地区的划分标准，对样本进行不同区域的划分。1989—2015 年的 CHNS 样本中，东部地区包括辽宁、江苏和广东，中部地区包括河南、湖北和湖南，西部地区包括贵州和广西；2010—2016 年的 CFPS 样本中，东部地区除了辽宁、江苏和广东之外，还包括北京、天津、上海、浙江、福建、河北和山东，中部地区除了河南、湖北和湖南之外，还包括山西、安徽、江西、黑龙江和吉林，西部地区除了贵州和广西，还包括四川、重庆、云南、陕西和甘肃。

（一）基于非时间依赖的区域流动性对比

基于 CHNS 样本 1989—1997 年、1997—2006 年与 2006—2015 年测算的东、中、西部三个地区非时间依赖角度的收入流动性指标结果如表 4－25 所示。

表 4－25　基于 CHNS 样本非时间依赖角度的三个地区收入流动性指标结果

地区	阶段	M_1	M_2	M_5
东部	1989—1997	0.9397	0.6335	0.7558
	1997—2006	0.9224	0.6275	0.7320
	2006—2015	0.9353	0.7821	0.6663

续表

地区	阶段	M_1	M_2	M_5
中部	1989—1997	0. 9107	0. 4673	0. 7293
	1997—2006	0. 9082	0. 6933	0. 6937
	2006—2015	0. 9158	0. 4871	0. 7171
西部	1989—1997	0. 9521	0. 4370	0. 7723
	1997—2006	0. 9692	0. 3226	0. 8136
	2006—2015	0. 9144	0. 5309	0. 7388

从离开初始收入组的概率 M_1 的结果来看，东部与中部地区的家庭离开初始收入组的可能性先减小后增大，西部地区的家庭离开初始收入组的可能性先增大后减小。分阶段的 M_1 指标结果显示，东中部与西部地区呈现出相反的变动趋势，这说明非时间依赖的收入流动性具有显著的区域差异。

从反映实际收入转换矩阵与完全非时间依赖矩阵之间距离的 M_2 指标来看，区域差异尤为明显。东部地区和西部地区的收入转换矩阵与完全非时间依赖矩阵之间的距离在 1997—2006 年间有小幅缩减，之后开始扩大，而中部地区收入转换矩阵与完全非时间依赖矩阵之间的距离则呈先扩大后缩小的变动趋势。

从反映基期收入所在组与报告期收入所在组相关程度的 M_5 指标结果来看，三个地区的时间趋势有较大差异。测算结果显示，东部地区在逐渐下降，中部地区则呈先下降后上升的变动特征，在 1997—2006 年中部地区的家庭有所下降，2006—2015 年又有所提升，而西部地区在这三个阶段则呈现出先上升后下降的趋势。

基于 CFPS 样本测算的东、中、西部地区非时间依赖流动性的指标结果如表 4 - 26 所示。从时间趋势上来看，2010 年以后的三个考察阶段上，三个地区各指标的变动趋势较为一致。

表 4 - 26　基于 CFPS 样本非时间依赖角度的三个地区收入流动性指标结果

地区	阶段	M_1	M_2	M_5
东部	2010—2012	0.7924	1.8298	0.4395
	2012—2014	0.7576	2.2013	0.4010
	2014—2016	0.7086	2.6633	0.3802
中部	2010—2012	0.8365	1.0177	0.5872
	2012—2014	0.8160	1.2147	0.5622
	2014—2016	0.7811	1.6027	0.5035
西部	2010—2012	0.8863	0.6210	0.6629
	2012—2014	0.8385	0.9981	0.5967
	2014—2016	0.8205	1.2645	0.5299

表征离开初始收入组的可能性的 M_1 值显示，三个地区的家庭离开初始收入组的可能性都在逐渐降低，比较而言，西部地区的家庭离开初始收入组的机会最大，东部地区的家庭离开初始收入组的机会最小，中部地区的家庭介于二者之间；从衡量三个地区相应的收入转换矩阵与完全非时间依赖矩阵之间距离大小的指标 M_2 来看，三个地区的收入转换矩阵与完全非时间依赖矩阵之间的距离都在逐渐拉大，且东部地区的收入转换矩阵与完全非时间依赖矩阵之间的距离最大，西部地区的距离最小，中部地区介于二者之间；三个地区 M_5 指标的变动特征与 M_1 指标的变动特征一致，都在逐渐降低。这都表明，在 2010—2012 年、2012—2014 年及 2014—2016 年的三个阶段上，东中西部地区家庭的非时间依赖流动性都在逐渐减小。

（二）基于收入位置变动的区域流动性对比

基于 CHNS 样本测算的三个地区收入位置流动性指标结果列示于表 4 - 27。从反映收入位置相对不流动比率的惯性率和亚惯性率的结果来看，东部地区的相对不流动比率在逐渐增大，中部地区在 1997—2006 年有小幅提升，之后有所减弱，而西部地区在 1997—

2006 年有所下降，2006—2015 年有所提升，表现出明显的地区差异；从反映收入位置变动幅度大小的平均阶差值来看，东部地区的平均阶差在逐渐变小，中部地区的平均阶差呈先减小后增大的变动趋势，1997—2006 年有所减小，2006—2015 年的平均阶差值又增大，而西部地区的平均阶差则在 1997—2006 年增至最大，2006—2015 年有所下降，对比三个地区的平均阶差值的大小可以发现，西部地区是三个地区中收入位置移动幅度最大的，东部地区的移动幅度最小；从反映收入流动方向的相对流动比率值来看，在 1989—1997 年、1997—2006 年及 2006—2015 年三个阶段中，东中西三地区的相对流动比率值都是大于 1 的，说明相对向上流动占据主导。比较而言，东部地区的相对流动比率是三个地区中最大的，说明在此期间东部地区向上流动的趋势更为显著。

表 4-27　CHNS 样本收入位置变动角度的三个地区收入流动性指标结果

地区	阶段	惯性率	亚惯性率	平均阶差	相对流动比率
东部	1989—1997	0.2483	0.6241	1.6466	1.1275
	1997—2006	0.2621	0.6241	1.6034	1.1300
	2006—2015	0.2517	0.6517	1.5603	1.0187
中部	1989—1997	0.2714	0.6265	1.6582	1.0282
	1997—2006	0.2735	0.6633	1.5714	1.0694
	2006—2015	0.2673	0.6184	1.6684	1.0168
西部	1989—1997	0.2384	0.6137	1.7055	1.0072
	1997—2006	0.2247	0.5918	1.7945	1.0286
	2006—2015	0.2685	0.5973	1.6849	1.0001

对三个地区家庭收入位置流动性进行的对比分析表明，在 1989—1997 年、1997—2006 年及 2006—2015 年三个阶段中，东部地区的位置流动性最小，但其向上流动的比重相对更大，西部地区

的收入位置移动幅度在三个地区中相对最大。

基于 CFPS 样本测算的三地区家庭 2010—2012 年、2012—2014 年与 2014—2016 年的收入位置流动性指标结果如表 4－28 所示。

表 4－28　CFPS 样本位置变动角度的三个地区收入流动性指标结果

地区	阶段	惯性率	亚惯性率	平均阶差	相对流动比率
东部	2010—2012	0.3661	0.7441	1.2288	1.0532
	2012—2014	0.3939	0.7719	1.1474	0.9991
	2014—2016	0.4331	0.8025	1.0598	0.9372
中部	2010—2012	0.3308	0.6971	1.4101	1.0323
	2012—2014	0.3472	0.7151	1.3642	1.0661
	2014—2016	0.3751	0.7377	1.2902	0.9526
西部	2010—2012	0.2909	0.6432	1.5628	1.0176
	2012—2014	0.3292	0.6914	1.4146	1.0198
	2014—2016	0.3436	0.6955	1.3981	0.9838

测算结果显示，三个地区表征收入位置相对不流动比率的惯性率和亚惯性率都在逐渐攀升、平均阶差都在逐渐减小，这意味着三个地区家庭的收入位置流动性都在逐渐降低；相对而言，东部地区家庭各阶段的收入位置相对不流动比率最高，西部地区家庭的相对不流动比率最低，这说明东部地区家庭的收入位置更为僵化，西部地区家庭的收入位置流动性相对较大；平均阶差的测算结果显示，东部地区家庭各阶段的收入平均移动幅度最小，西部地区家庭的移动幅度最大；相对流动比率的结果显示，在 2010—2012 年三个地区的相对流动比率值都大于 1，表示相对向上流动的趋势占据主导地位，而到 2012—2014 年中西部地区相对向上流动的比例进一步增大，而东部地区的局势发生了逆转，其相对流动比率小于 1，说明东部地区相对向下流动的比例更大，到了 2014—2016 年三个地区的相

对流动比率都小于1，这意味着流动相对向下流动的趋势占据了主导地位，三个地区的收入流动质量都有所下降。

（三）基于收入份额变动的区域流动性对比分析

基于 CHNS 样本从收入份额变动视角对三个地区的收入流动性进行测算的结果如表 4 -29 所示。

表 4 -29 基于 CHNS 样本三个地区收入份额变动视角的流动性指数结果

年份	东部		中部		西部	
	M_{S1}	M_{S2}	M_{S1}	M_{S2}	M_{S1}	M_{S2}
1989—1997	0. 3019	0. 0920	0. 2004	0. 0537	0. 2800	0. 0864
1997—2006	0. 3476	0. 0900	0. 3819	0. 0519	0. 2813	0. 0734
2006—2015	0. 5153	0. 0820	0. 4750	0. 0608	0. 3203	0. 0740

注：表中的指数值是扩大 100 倍之后的结果。

无方向的收入份额流动性指数M_{S1}的结果显示，1989—1997 年、1997—2006 年与 2006—2015 年三个地区无方向的份额流动性都呈上升趋势，这与全国层面上的变动趋势是一致的；有方向的收入份额流动性M_{S2}的测算结果显示，东部地区有方向的份额流动性指数值在逐渐下降，中部地区在 1997—2006 年有所下降，2006—2015 年又有显著提升，西部地区也呈先降后升的变动趋势，比较而言，在三个考察阶段中，东部地区有方向的份额流动性是三个地区中最高的，说明东部地区家庭的收入份额变动更有利于低收入家庭的收入份额的改善。

基于 CFPS 样本的测算结果如表 4 -30 所示。无方向的份额流动性指数M_{S1}结果显示，2010—2012 年、2012—2014 年及 2014—2016 年的三个阶段中，东部地区的无方向份额流动指数在逐渐增大，中部地区先减小后增大，而西部地区则呈现出逐渐减小的趋势特征。有方向的份额流动指数M_{S2}结果显示，三个阶段中，东部地区先增大后减小，中部地区先减小后增大，而西部地区则呈现逐渐减小的趋势特征。比较而言西部地区有方向的份额流动性指数最大，东部地区最小，这说明 2010 年之后，从短期收入份额变动情况来看，西部地区的收入份额变动对提升低收入家庭收入份额的作用更大，但从时间趋势来看，这种作用有逐渐变小的倾向。

表 4－30　基于 CFPS 样本三个地区收入份额变动视角的流动性指数结果

年份	东部		中部		西部	
	M_{S1}	M_{S2}	M_{S1}	M_{S2}	M_{S1}	M_{S2}
2010—2012	0. 0344	0. 0052	0. 0566	0. 0099	0. 0838	0. 0130
2012—2014	0. 0365	0. 0057	0. 0489	0. 0089	0. 0579	0. 0116
2014—2016	0. 0962	0. 0052	0. 0634	0. 0092	0. 0505	0. 0108

注：表中的指数值是扩大 100 倍之后的结果。

第五章

中国家庭绝对收入流动性测度方法与实证研究

第一节　绝对收入流动性的测度方法研究

绝对收入流动性刻画的是收入水平的变动，学者们通常采用公理化方法对其进行测度。通常做法是首先提出绝对收入流动性的测度指标应该满足的若干逻辑自洽的公理性质，在此基础上构造满足公理性质体系的测度指标形式，用以衡量绝对收入流动性的大小。

一、基于绝对距离函数的收入流动性测度方法

（一）绝对距离函数的公理化假设体系

最早通过公理化方法对绝对收入流动性进行测度的是 Fields 和 Ok（1996），他们认为，对于收入分布 $X\rightarrow Y$ 变化过程中发生的绝对收入流动，可以通过一个距离函数M_d（X，Y）来测度，其中，$X=(x_1,x_2,\cdots,x_n)$、$Y=(y_1,y_2,\cdots,y_n)$，分别代表基期和报告期各成员的收入水平，在收入分布 X 和 Y 中，每个个体的排序是相同，即基期收入水平为 x_i的个体在报告期的收入水平为y_i。在此基础上，他们提出测度绝对收入流动性的指标应该满足以下性质：

1. 线性齐次性：当收入分布中所有个体的收入都发生同比变动时，收入流动性也呈相同比例变动，即对任意 $\lambda>0$，有$M_d(\lambda X,\lambda Y)=\lambda M_d(X,Y)$。

2. 平移不变性：当收入分布中所有个体的收入变动量相同时，收入流动性不变，即对任意 $\lambda>0$，有$M_d(X+\lambda\cdot 1^n,Y+\lambda\cdot 1^n)=M_d(X,Y)$，$1^n$表示元素全为 1 的 n 维行向量。

3. 标准化：在只有一个个体的社会中，得到或失去一单位的收入产生的绝对收入流动性被标准化为 1，即$M_d(1,0)=M_d(0,1)=1$。

4. 可分解性：包含强可分解性与弱可分解性。

强可分解性：若总体被分成了两个子群，总体的收入流动性等于两个子群流动性的函数，若X^1、X^2和Y^1、Y^2分别表示基期和报告期两个子群的收入向量，则有$M_d(X,Y) = F(M_d(X^1,Y^1), M_d(X^2,Y^2))$，其中$F(\cdot)$是一个对称、非零、连续函数。强可分解性所基于的两个子群的收入分布距离测度函数是可观察的假设，通常无法满足，为此引入弱可分解性。

弱可分解性：总体收入流动性可以视作所有个体流动性的函数，即$M_d(X,Y) = F(M_d(x_1,y_1), M_d(x_2,y_2), \cdots, M_d(x_n,y_n))$，其中$F(\cdot)$是一个对称、非零、连续函数。

5. 总体一致性：如果原来两个群体的收入流动性相等，则各自加入一个相同个体后两个群体的流动性仍然相等。当两个群体的收入分布变动分别为$X \to Y$、$Z \to W$，另外一个个体的收入变动为$\alpha \to \beta$，如果$M_d(X,Y) = M_d(Z,W)$，则有$M_d((X,\alpha),(Y,\beta)) = M_d((Z,\alpha),(W,\beta))$，$\alpha > 0$、$\beta > 0$。

6. 增长敏感性：对于两个收入分布的流动性，如果除部分个体之外的所有个体的流动性相等，那么加上这些流动性不等的个体后总的流动性不再相等。对任意$1 \leqslant k \leqslant n$，有$M_d(x_k,y_k) \neq M_d(z_k,w_k)$，且对任意$j \neq k$有$M_d(x_j,y_j) = M_d(z_j,w_j)$，则$M_d(X,Y) \neq M_d(Z,W)$，即“如果相等加上不等，则结果不再相等”。

7. 利己主义贡献性：个体收入变动对总体收入流动性的边际贡献与其他个体收入变动无关，只与自身收入变动有关。如果$x_1 = z_1$，$y_1 = w_1$，则有$M_d(X,Y) - M_d(X,(x_1,y_2,\cdots,y_n)) = M_d(Z,W) - M_d(Z,(z_1,w_2,\cdots,w_n))$。

在 Fields 和 Ok（1996）提出的上述七个性质中，线性齐次性意味着收入同倍增加或减少时，绝对收入流动性须发生同样倍数的变动，规定了距离测度函数的绝对数量性质；平移不变性表明绝对收入流动性的测度指标应该是满足线性性质的绝对指标；标准化说明收入流动是没有方向的；强可分解性表明总体收入流动性只与子群的收入流动性大小有关，与子群规模大小无关；弱可分解性强调总体收入流动性是所有个体收入水平变动的函数，这保证了距离函数的可加可分解性；强可分解性又可以替换为弱可分解性和总体一致性；总体一致性强调总体规模对收入流动性的影响，即对于两个绝对收入流动性相等的总体各自增加同一个收入个体后两个总体的绝对收入流动性仍然相等；增长敏感性强调维度不变条件下个体收入水平变动对绝对收入流动性的影响，收入的增长哪怕极其微小的增长也会导致绝对收入流动性水平发生变动；利己主义贡献性则要求个体收入变动对总体收入流动性的边际贡献独立于该组内其他成员的收入变动。

（二）基于公理化假设的指标体系

1. 无方向的收入流动

无方向的收入流动性不区分收入流动的方向，认为收入的增加与减少是相同的。在满足线性齐次性、平移不变性、标准化、强可分解性及增长敏感性的条件下，Fields 和 Ok（1996）构造的测度无方向的绝对收入流动性距离函数为：

$$M_{d1}(X,Y) = \left(\sum_{i=1}^{n} |y_i - x_i|^{\alpha}\right)^{\frac{1}{\alpha}} \tag{5-1}$$

其中 $\alpha > 0$。为了避免 α 取值的主观随意性造成收入流动性测算结果的不确定问题，再加上利己主义贡献性，则总收入流动性测度函数为：

$$M_{FO1}(X,Y) = \sum_{i=1}^{n} |y_i - x_i| \tag{5-2}$$

在总收入流动性测度函数的基础上，Fields 和 Ok（1996）还定义了个体平均收入流动性指标和相对于基期收入的比例流动性指标，分别为：

$$M_{FO2}(X,Y) = \frac{1}{n}\sum_{i=1}^{n} |y_i - x_i| \tag{5-3}$$

$$M_{FO3}(X,Y) = \frac{\sum_{i=1}^{n} |y_i - x_i|}{\sum_{i=1}^{n} x_i} \tag{5-4}$$

随后，Mitra 和 Ok（1998）提出了两参数距离函数用于测度绝对收入流动性，函数形式为：

$$M_{MO}(X,Y) = \gamma \left(\sum_{i=1}^{n} |y_i - x_i|^{\alpha}\right)^{\frac{1}{\alpha}} \tag{5-5}$$

其中，$\gamma>0$，$\alpha \geqslant 1$，不同经济体形成的收入分布所产生的流动性指标取决于参数 α、γ 的值。不难看出，两参数距离函数实质上是对 Fields 和 Ok（1996）提出的式（5－1）的拓展，以乘数因子的形式引进了另一个参数 γ。

2. 有方向的收入流动

有方向的绝对收入流动性将收入的增加与减少区别对待，收入流动的方向直接表现为收入水平或人均收入水平的增长与下降。在绝对收入流动性框架下，允许出现所有个体都向上流动或都向下流动的情形，个体的绝对收入变动只与自身两个时期的收入水平有关，与收入分配组中其他个体的收入变动无关。与式（5－2）至式（5－4）相对应的有方向的绝对收入流动性指标分别为：

$$M'_{FO1}(X,Y) = \sum_{i=1}^{n} (y_i - x_i) \tag{5-6}$$

$$M'_{FO2}(X,Y) = \frac{1}{n}\sum_{i=1}^{n} (y_i - x_i) \tag{5-7}$$

$$M'_{FO3}(X,Y) = \frac{\sum_{i=1}^{n} (y_i - x_i)}{\sum_{i=1}^{n} x_i} \tag{5-8}$$

二、基于对数距离函数的收入流动性测度方法

（一）对数距离函数的公理化假设体系

沿着对绝对收入流动性测度的路线，Fields 和 Ok（1999）从福

利水平变动角度出发提出用对数距离函数测度绝对收入流动性，构建的公理化假设体系包括四个方面，分别是：

1. 规模不变性公理：对任意 X，$Y \in R^n_{++}$，常数 $\alpha > 0$，有 $M_d(\alpha X, \alpha Y) = M_d(X, Y)$，即个体收入规模发生同比例变动，收入流动性不变。

2. 对称性公理：对任意 X，$Y \in R^n_{++}$，$M_d(X,Y) = M_d(Y,X)$，即 $X \to Y$ 过程中所发生的收入流动性与 $Y \to X$ 过程中所发生的收入流动性相等。

3. 子群可分解公理：假设总体被分成 $J \in (1, \cdots, n)$ 个子群，第 j 个子群的个体数为 n_j 且 $\sum_{j=1}^{J} n_j = n$，则 $M_d((X^1, \cdots, X^J), (Y^1, \cdots, Y^J)) = \sum_{j=1}^{J} \frac{n_j}{n} M_d(X^j, Y^j)$。

4. 倍增路径可分离公理：对任意 $X \in R^n_{++}$，$\alpha \geqslant 1$ 且 $\beta \in (1, \alpha)$，如果收入分布 X 经两个连续时期的变动 $X \to \beta X \to \alpha X$，则有 $M_d(X, \alpha X) = M_d(X, \beta X) + M_d(\beta X, \alpha X)$，即第 1 期到第 2 期所有个体收入增长为原来的 β 倍，第 2 期到第 3 期所有个体收入增长 α/β 倍，则第 1 期到第 3 期所有个体收入应为原来的 α 倍。

对于上述四个公理性质，规模不变性是指两个收入分布同时增大或缩小若干倍不影响收入流动性的测算结果，意味着绝对收入流动指标是零次齐次的，从这个角度理解，这是一个典型的相对主义测度方式；对称性公理说明收入流动性是没有方向的；子群可分解性公理说明收入流动性可以按照不同的群体进行横向分解；倍增路径可分离性公理说明对于连续间隔期的收入流动性可以按照各时期进行纵向分解。

（二）基于公理化假设的距离函数

Fields 和 Ok（1999）提出的满足规模不变性公理、对称性公理、子群可分解公理及倍增路径可分离公理假设条件下的距离函数为：

$$M_{d2}(X,Y) = c \cdot \left(\frac{1}{n}\sum_{i=1}^{n} |\ln y_i - \ln x_i|\right) \quad (5-9)$$

其中 n 为个体数，c 为大于 0 的常数，实证分析时可设为 1，则 $M_{FO2}(X,Y)$ 转变为如下形式：

$$M_{FO4}(X,Y) = \frac{1}{n}\sum_{i=1}^{n} |\ln y_i - \ln x_i| \quad (5-10)$$

对于所有的 X，$Y \in R_{++}^{n}$，$\alpha > 1$，如果 $M_d(X,Y) = -M_d(Y,X)$ 且 $M_d(X,\alpha X) > M_d(X,X)$ 成立，则距离函数 $M_d(\cdot)$ 称为有方向的收入流动性指标。Fields 和 Ok（1999）通过计算基期和报告期收入对数的变动，而非简单地使用收入水平本身的变动来测度绝对收入流动性，相应有方向的收入流动性指标为：

$$M'_{FO4}(X,Y) = \frac{1}{n}\sum_{i=1}^{n} (\ln y_i - \ln x_i) \quad (5-11)$$

收入对数变换与普遍接受的凹性效用函数是一致的，对数运算意味着：对于 1 单位的收入变动，其对穷人与富人的意义是不同的，同样 1 个单位的收入增长，给低收入者带来的福利增长量要比给高收入者带来的增长量高，也即低收入者的流动性更大。也就是说，相对于收入水平绝对值的变动，对数形式的收入流动性指标突出了低收入群体对总体收入流动性的贡献，这符合福利经济学关注低收入阶层的理念。

三、基于欧氏距离函数的收入流动性测度方法

（一）欧氏距离函数的公理化假设体系

D'Agostino 和 Dardanoni（2009）在公理化假设体系的基础上，根据欧氏距离构建绝对收入流动性的测度指标，提出的公理化假设体系包括五个方面：

1. 置换不变性公理：任意 X，$Y \in R_{++}^{n}$，对于置换函数 $\pi(\cdot)$，

测度绝对收入流动性的距离函数$d_n(X,Y)=d_n(\pi(X),\pi(Y))$。

2. 复制不变性公理：对于所有的 X，$Y\in R^n_{++}$，$k\in N$，有$d_k(X,Y)=d_{nk}\left(\left[\overbrace{X,\cdots,X}^{k}\right],\left[\overbrace{Y,\cdots,Y}^{k}\right]\right)$，其中$\overbrace{U,\ \cdots,\ U}^{k}$表示对向量 U 复制 k 次。

3. 广义数值敏感性公理：对于所有的 X，$Y\in R^n_{++}$，$d_n(X,Y)=G(|g(Y)-g(X)|)$，其中 $G(\cdot)$为连续增函数且满足 $G(0)=0$，$g(\cdot)$为连续单调增函数。

4. 子群一致性公理：若X^1、X^2、X^3、X^4和Y^1、Y^2、Y^3、Y^4分别表示基期和报告期四个群体的收入向量，k，$j\in N$，且有$d_k(X^1,Y^1)>d_k(X^2,Y^2)$，$d_j(X^3,Y^3)=d_j(X^4,Y^4)$则有，$d_{k+j}([X^1,X^3],[Y^1,Y^3])>d_{k+j}([X^2,X^4],[Y^2,Y^4])$。

5. 单调顺序敏感性公理：对于 $n\in N$ 且 $n\geqslant 4$，X，$Y\in R^n_{++}$且 i，$j,k,m\in\{1,\cdots,n\}$，如果存在：$(x_i-x_j)(y_i-y_j)>0$、$(x_k-x_m)(y_k-y_m)>0$、$d_1(x_i,x_j)=d_1(x_k,x_m)$且$d_1(y_i,y_j)\leqslant d_1(y_k,y_m)$同时成立，则有：$d_n(X,\sigma_{ij}(Y))\leqslant d_n(X,\sigma_{mk}(Y))$。其中，对于给定的收入向量$Y=(y_1,\cdots,y_i,\cdots y_m,\cdots y_j,\cdots y_k,\cdots,y_n)$，定义$\sigma_{ij}(Y)=(y_1,\cdots,y_j,\cdots y_m,\cdots,y_i,\cdots y_k,\cdots y_n)$、$\sigma_{mk}(Y)=(y_1,\cdots,y_k,\cdots,y_m,\cdots,y_n)$。

对于上述五个公理，置换不变性是指对两期收入作同样的单调变换不改变绝对收入流动性的测算结果；复制不变性意味着收入流动性的测度是相对指标形式；广义数值敏感性意味着绝对收入流动结果单调依赖于$|g(Y)-g(X)|$的值；子群一致性强调各子群的收入流动性与总体收入流动性大小的关系；单调顺序敏感性是指绝对收入流动性指标的结果受个体排序的影响。

（二）基于欧氏距离函数的流动性测度指标

在上述五个公理的基础上，他们提出的用于测度绝对收入流动性的距离函数形式为：

$$d_n(X,Y) = \sqrt{\frac{1}{n}\sum_{i=1}^{n}(g(y_i) - g(x_i))^2} \qquad (5-12)$$

D'Agostino 和 Dardanoni（2009）指出，考虑到个体收入从 100 美元变动到 110 美元产生的流动性要比从 1000 美元变动到 1010 美元的流动性大，从而 $g(\cdot)$ 可以采用收入对数函数形式，绝对收入流动性的测度指标为：

$$M_{DD}(X,Y) = \sqrt{\frac{1}{n}\sum_{i=1}^{n}(\ln y_i - \ln x_i)^2} \qquad (5-13)$$

不难发现，$M_{DD}(X,Y)$ 实质上度量的是收入对数变动的欧氏距离，其最大的特点是对更大的变动更敏感，同时也正是由于欧氏距离函数的特性，无法用其测度有方向的绝对收入流动性。

四、一种改进的绝对收入流动性测度方法

如果从社会福利的角度考虑，低收入群体的收入变动状况是一个特别需要关注的问题。Genicot 和 Ray（2013）及 Palmisano 和 Van de gaer（2016）也表达了类似的观点，指出在收入流动性测度过程中应该更关注基期的低收入群体。基于此，本书从更关注基期低收入群体的视角出发，提出对绝对收入流动性进行测度的方法。

对于收入分布 $X \to Y$ 变化过程中所产生的收入流动性，可以通过一个距离函数 $M_d(X,Y)$ 来测度，其中，$X = (x_1, x_2, \cdots, x_n)$、$Y = (y_1, y_2, \cdots, y_n)$，分别代表基期和报告期收入组中各成员的收入水平，在收入分布 X 和 Y 中，每个个体的排序相同，即在基期收入为 x_i 的个体在报告期的收入为 y_i 且满足 $x_1 \leqslant x_2 \leqslant \cdots \leqslant x_n$。参照基尼系数的权重设置，给予基期的低收入个体以较大权重，即基期收入从低到高排序后第 i 个单位的权重为 $f_i = n + 1 - i$，则无方向的绝对收入流动性可通过如下距离函数进行衡量：

$$M_{d1} = \sum_{i=1}^{n} \frac{f_i}{\sum_{i=1}^{n} f_i} |\ln y_i - \ln x_i|$$

$$= \sum_{i=1}^{n} \frac{2(n+1-i)}{n(n+1)} |\ln y_i - \ln x_i| \tag{5-14}$$

有方向的绝对收入流动性的衡量指标可表示为：

$$M_{d2} = \sum_{i=1}^{n} \frac{f_i}{\sum_{i=1}^{n} f_i} (\ln y_i - \ln x_i) = \sum_{i=1}^{n} \frac{2(n+1-i)}{n(n+1)} (\ln y_i - \ln x_i) \tag{5-15}$$

根据偏向低收入个体的函数特性，设想穷人的收入增长率为5%，富人的收入增长率为10%，如果交换二者的增长率，即穷人的收入增长率变为10%，富人的收入增长率变为5%，则根据式（5-14）和式（5-15），绝对收入流动性必然会增大。同时，无论穷人和富人的收入增长率如何，只要把富人的收入增长率转移到穷人身上，绝对收入流动也必然增大。

关于绝对收入流动性的以上测度方法，几点说明如下：首先，通过定义所有个体两期收入水平变动的距离函数对绝对收入流动性进行测度时，当所有个体变动的距离都为0，即所有个体的收入水平都保持不变，则表示绝对收入流动性最小，由于距离没有上限，所以不存在绝对收入流动性最大的参照点。其次，按照是否区分方向，绝对收入流动性可以分为有方向的绝对收入流动性与无方向的绝对收入流动性，有方向的收入流动意味着收入的增加与收入的减少是区别对待的，而无方向的收入流动将收入的增减同等看待。再次，绝对收入流动性发生时，如果所有个体的收入都提高，这种情况是社会所期待的，相反，如果所有个体的收入都下降则是社会厌恶的，从这个角度来看，有方向的绝对收入流动更有意义，其值越大意味着收入提高的幅度越大。最后，针对不同个体收入的增长或下降如何在整个社会层面上加总，也是需要关注的一个问题。评估个体收入增长对整个社会福利的影响，需要权衡不同人群的得失，而对于这一点，不同人的意见可能不同，平等主义者可能会从关注不平等程度下降的视角出发，对期初低收入个体的收入增长量赋予一个较大的权重，而对于期初高收入个体的收入增长量赋予一个较小的权重。

第二节 中国家庭绝对收入流动性的实证研究

本节对中国家庭的绝对收入流动性进行测度，在采用对数距离指数、欧氏距离指数方法的同时，从关注低收入家庭的视角出发，采用新构造的偏向低收入群体的流动性指数对绝对收入流动性进行了比较全面的测算，同时比较了城乡及东、中、西部地区家庭的绝对收入流动性特征。

一、全国的绝对收入流动性测度及其变动趋势分析

（一）无方向的绝对收入流动性的测度

基于对数绝对距离函数M_{FO4}、对数欧氏距离函数M_{DD}和偏向低收入家庭的绝对距离函数M_{d1}三种无方向的绝对收入流动性测度方法，对全国家庭无方向的绝对收入流动性进行测算，表 5－1 报告了基于 CHNS 样本相邻两期及间隔年份大致相等的三个阶段的无方向绝对收入流动性的测算结果。

表 5－1　基于 CHNS 样本全国无方向的绝对收入流动性测算结果

起始年—结束年	对数绝对距离	对数欧氏距离	偏向低收入的绝对距离
1989—1991	0.6839	0.9135	0.7547
1991—1993	0.6878	0.9458	0.7535
1993—1997	0.7489	1.0139	0.8493

续表

起始年—结束年	对数绝对距离	对数欧氏距离	偏向低收入的绝对距离
1997—2000	0.7908	1.0771	0.9248
2000—2004	0.8279	1.1086	0.9485
2004—2006	0.8012	1.0882	0.9076
2006—2009	0.9266	1.2467	1.1051
2009—2011	0.8149	1.1606	0.9195
2011—2015	1.0323	1.4060	1.2028
1989—1997	0.8418	1.1075	0.9781
1997—2006	0.9211	1.2189	1.0633
2006—2015	1.2410	1.5576	1.4500

从相邻两期无方向的绝对收入流动性测算结果的变动趋势来看，图 5-1 显示，1989—2015 年期间，2004 年之前呈较为平稳的上升趋势，而 2004 年之后波动较为频繁：2004—2006 年间出现了小幅下降，2006—2009 年间又有所提升，2009—2011 年间又有所下降，到 2011—2015 年有较大幅度的提高；而当把观测间隔年份拉长为近似相等的情形时，三个无方向绝对流动性指标结果变动方向一致，都呈上升趋势，这说明 1989—1997 年、1997—2006 年、2006—2015 年这三个阶段的无方向绝对收入流动性在逐渐增强。

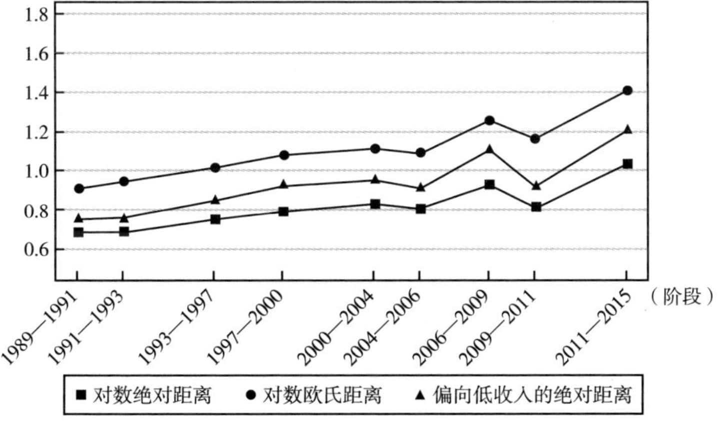

图 5-1　1989—2015 年无方向的绝对收入流动性变动趋势

基于 CFPS 样本的测算结果显示，在 2010—2012 年、2012—2014 年及 2014—2016 年这三个阶段中，三个测度指标一致显示 2014—2016 年的无方向绝对收入流动性发生了下降。而 CHIPS 样本前两个阶段的计算结果与 CHNS 的变动趋势并不一致，CHIPS 的结果显示三个阶段上的无方向绝对收入流动性在逐渐下降。

表 5－2　基于 CFPS 样本无方向的收入流动性测算结果

起始年—结束年	对数绝对距离	对数欧氏距离	偏向低收入的绝对距离
2010—2012	0.9387	1.3177	1.0697
2012—2014	0.9359	1.3736	1.1189
2014—2016	0.8445	1.2638	1.0542

表 5－3　基于 CHIPS 样本无方向的绝对收入流动性测算结果

起始年—结束年	对数绝对距离	对数欧氏距离	偏向低收入的绝对距离
1994—1996	0.4994	0.6370	0.5524
2001—2003	0.3250	0.4746	0.3379
2012—2014	0.2744	0.4066	0.3127

（二）有方向的绝对收入流动性的测度

有方向的绝对收入流动性将收入的增减区别对待。本书采用对数变动距离指数M'_{FO4}和偏向低收入家庭的流动性指数M_{d2}测度有方向的绝对收入流动性，表 5－4、表 5－5 与表 5－6 分别报告了基于 CHNS、CFPS 与 CHIPS 样本的测算结果。

表 5－4　基于 CHNS 样本有方向的收入流动性测算结果

起始年—结束年	对数变动距离指数	偏向低收入的距离指数
1989—1991	0.0192	0.3034
1991—1993	0.1153	0.3751

续表

起始年—结束年	对数变动距离指数	偏向低收入的距离指数
1993—1997	0. 2407	0. 5233
1997—2000	0. 1710	0. 4425
2000—2004	0. 1713	0. 4980
2004—2006	0. 0717	0. 3650
2006—2009	0. 4241	0. 7398
2009—2011	0. 0891	0. 3730
2011—2015	0. 2365	0. 5980
1989—1997	0. 3752	0. 7099
1997—2006	0. 4140	0. 7223
2006—2015	0. 7497	1. 0908

表 5－5　基于 CFPS 样本有方向的收入流动性测算结果

起始年—结束年	对数变动距离指数	偏向低收入的距离指数
2010—2012	0. 0762	0. 3517
2012—2014	0. 1237	0. 4828
2014—2016	0. 2043	0. 5552

表 5－6　基于 CHIPS 样本有方向的绝对收入流动性测算结果

起始年—结束年	对数变动距离指数	偏向低收入的距离指数
1994—1996	0. 4586	0. 5176
2001—2003	0. 1427	0. 1807
2012—2014	0. 2406	0. 2833

从测算结果来看，各阶段的距离函数值都大于0，表明整体而言收入增长的幅度大于收入降低的幅度，收入增长占据主导地位。基

于 CHNS 样本相邻两期的测算结果显示，1997 年以前有方向的收入流动与无方向的收入流动性变动一致，呈上升趋势，1997 年之后在波动中下降，到 2006—2009 年有了较大幅度的提升，然而在紧随其后的 2009—2011 年又有较大幅度的下降。对比时间间隔近似相等的 1989—1997 年、1997—2006 年与 2006—2015 年三个阶段可以发现，有方向的绝对收入流动性呈逐渐递增的态势，表明在这三个时间段上，家庭人均收入的增幅越来越大且低收入家庭的收入增长率更高。

与基于 CHNS 样本的结论一致，基于 CHIPS 样本的测算结果也验证了在 2000 年左右有方向的绝对收入流动性在降低。这一结果并不令人意外，在 20 世纪 90 年代初期，改革开放引入了大量包括私营经济和外资经济在内的非体制内经济体系，使得更多的居民获得了提升自己收入的机会，而进入 21 世纪以来，核心领域的改革放缓，使得低收入者收入流动性的增速放缓；通过表 5 - 4 不难发现，2006 年以后有方向的绝对收入流动性也与无方向的收入流动性一致，呈倒“U”形变动特征，2011—2015 年呈明显的上升趋势，受 2008 年全球金融危机影响，经济增速放缓，企业效益下滑，2009—2011 年有方向的绝对收入流动性大幅下跌，之后经济形势开始回温，绝对收入流动性也有所好转。CFPS 的结果显示，2010 年以后有方向的绝对收入流动性在逐渐提高，CHIPS 样本的结果也验证了这一点。

从收入对数的变动距离指数和偏向低收入家庭的距离指数来看，在考虑了收入变动的方向以后，有方向的绝对收入流动性指标值都小于相应的无方向的绝对收入流动性指标值。这不难理解，因为无方向的收入流动性测度指标将收入的提高与收入的下降同等对待，而有方向的收入流动性测度指标对两者进行了区分，与无方向的绝对收入流动指标相比，有方向的绝对收入流动能更真实地反映收入流动程度。

二、城乡绝对收入流动性的比较分析

为了研究城镇家庭与农村家庭绝对收入流动性的异同，基于CHNS和CFPS样本对城镇家庭与农村家庭的绝对收入流动性进行对比分析。

（一）城乡无方向的绝对收入流动性对比分析

基于CHNS样本采用对数绝对距离函数、对数欧氏距离函数、偏向低收入个体的绝对距离函数，对城镇家庭与农村家庭的无方向绝对收入流动性的测算结果见表5－7。

表5－7 基于CHNS样本的城乡无方向收入流动性测算结果

时期	城镇			农村		
	对数绝对距离	对数欧氏距离	偏向低收入	对数绝对距离	对数欧氏距离	偏向低收入
1989—1991	0.4878	0.6857	0.5079	0.7218	0.9513	0.7937
1991—1993	0.5814	0.8315	0.6735	0.7084	0.9664	0.7664
1993—1997	0.7260	1.0898	0.7355	0.7533	0.9986	0.8712
1997—2000	0.8227	1.2428	1.0195	0.7847	1.0420	0.9057
2000—2004	0.7762	1.0826	0.8948	0.8379	1.1136	0.9562
2004—2006	0.8164	1.1926	0.9615	0.7983	1.0668	0.8974
2006—2009	0.9216	1.3302	1.1519	0.9276	1.2299	1.0957
2009—2011	0.7918	1.1385	0.9560	0.8194	1.1648	0.9107
2011—2015	0.9147	1.2502	1.0816	1.0551	1.4342	1.2227
1989—1997	0.7440	1.0787	0.7574	0.8607	1.1130	1.0182
1997—2006	0.9970	1.3907	1.1820	0.9064	1.1828	1.0442
2006—2015	1.3119	1.6649	1.5840	1.2273	1.5359	1.4234

从城镇家庭的情况来看，相邻两个调查年份的测算结果显示，三个无方向的绝对收入流动性指数的变动趋势基本一致：2000 年以前都呈上升趋势，这表明 2000 年以前城镇家庭的绝对收入流动性有显著的提升，2000 年以后的波动较为频繁，没有明显的升降趋势，具体来看，2000—2004 年有小幅下降，2004 年之后又逐渐攀升，2009—2011 年有所下降，2011—2015 年都又有所提升。考察更长时间间隔的流动性指数可以发现，1989—1997 年、1997—2006 年、2006—2015 年三个阶段的指数值都呈稳健的上升趋势，说明这三个阶段上的无方向绝对收入流动性在逐渐增大。

农村家庭的三个绝对收入流动性指数的变动趋势也基本一致。2004 年之前，整体上呈稳健的上升趋势，2004—2006 年有小幅下降，2009—2011 年又有小幅下降，2011—2015 年又有较大幅度的提高，但整体来看 1989—2015 年是在波动中上升的。1989—1997 年、1997—2006 年、2006—2015 年三个时间段上，农村家庭的无方向绝对收入流动性指数值都在逐渐增大，尤其以 2006—2015 年的增幅最为显著。

通过城乡对比可以发现，2000 年以前城乡家庭的无方向绝对收入流动性表现出较为相似的趋势特征，除了 1997—2000 年及 2004—2006 年，其他考察区间上农村家庭的无方向绝对收入流动性明显大于城镇家庭。但从 1989—1997 年、1997—2006 年及 2006—2015 年这三个阶段来看，农村家庭在第一阶段上的无方向绝对收入流动性强于城镇家庭，在后两个阶段中却是城镇家庭的流动性更强。

基于 CFPS 样本的测算结果如表 5 - 8 所示。整体来看，在 2010—2012 年、2012—2014 年、2014—2016 年这三个阶段中，城镇与农村无方向的绝对收入流动性都表现出先上升后下降的变动特征。同时，三个绝对收入流动性指数的测算结果都显示，2010 年之后，相对于城镇家庭，农村家庭无方向的绝对收入流动性更大。

表5-8　基于CFPS样本的城乡无方向收入流动性测算结果

时期	城镇			农村		
	对数绝对距离	对数欧氏距离	偏向低收入	对数绝对距离	对数欧氏距离	偏向低收入
2010—2012	0.8399	1.2484	0.9738	1.0092	1.3650	1.1188
2012—2014	0.8433	1.3097	1.0414	1.0020	1.4175	1.1588
2014—2016	0.7221	1.1684	0.9552	0.9319	1.3277	1.1001

（二）城乡有方向的收入流动性对比分析

基于CHNS样本的城乡有方向绝对收入流动性测算结果如表5-9所示。

表5-9　基于CHNS样本的城乡有方向收入流动性测算结果

时期	城镇		农村	
	对数变动距离	偏向低收入距离	对数变动距离	偏向低收入距离
1989—1991	-0.0892	0.0481	0.0401	0.3511
1991—1993	0.1153	0.2801	0.1152	0.3932
1993—1997	0.1254	0.3964	0.2631	0.5487
1997—2000	0.2787	0.5855	0.1502	0.4198
2000—2004	0.1132	0.3668	0.1825	0.5258
2004—2006	-0.0972	0.1159	0.1044	0.4094
2006—2009	0.4593	0.7706	0.4172	0.7342
2009—2011	0.2191	0.5104	0.0639	0.3483
1989—1997	0.2715	0.5687	0.2298	0.6055
1997—2006	0.1516	0.4079	0.4184	0.7651
2006—2015	0.2947	0.5626	0.4371	0.7477

从城镇家庭有方向的绝对收入流动性变动趋势来看，2000 年之前的对数变动距离指数与偏向低收入个体的距离指数表现出较为明显的上升趋势，2000 年之后开始逐渐下降，到 2006—2009 年又出现较大幅度的提升，2011—2015 年又有所下降，这说明在考虑了收入流动的方向之后，城镇家庭的绝对收入流动性波动较大。从 1989—1997 年、1997—2006 年、2006—2015 年这三个更长时间间隔的测算结果来看，城镇家庭有方向的绝对收入流动性呈先减小后增大的“V”字形变动。

农村家庭的测算结果显示，农村家庭有方向的收入流动性在 1997 年之前逐步增强，1997 年之后波动较为剧烈，值得注意的是 2006—2009 年，有方向的绝对收入流动性指数值出现了较大幅度的提升，但在随后的 2011—2015 年又出现了较大幅度的下降。从 1989—1997 年、1997—2006 年及 2006—2015 年这三个时间段上的结果来看，农村家庭的对数变动距离指数表现出稳健的上升趋势，这说明就这三个阶段而言，农村家庭的人均收入一直在稳步提升，而偏向低收入个体的对数变动距离指数则表现出先上升后小幅下降的变动特征，这意味着与 1997—2006 年相比，2006—2015 年低收入家庭的人均收入的增长幅度有所下降。

基于 CFPS 样本的城乡有方向绝对收入流动性测算结果如表 5 - 10 所示。从城镇的情况来看，在 2010—2012 年、2012—2014 年及 2014—2016 年三个阶段中，收入对数变动距离指数与偏向低收入个体的距离指数表现出稳健的上升趋势，这意味着在这三个阶段中城镇家庭的人均收入及低收入家庭的收入都一直在稳步提升；从农村的情况来看，测算结果显示 2012—2014 年的收入对数变动距离指数值有小幅下降，这意味着相较于 2010—2012 年，2012—2014 年农村地区的家庭人均收入增幅有所下降，而农村三个阶段上偏向低收入个体的对数变动距离指数值也都一直在增大，这说明 2010 年之后农村低收入家庭的人均收入的增长幅度也在不断提升。

表 5－10　　基于 CFPS 样本的城乡有方向收入流动性测算结果

时期	城镇		农村	
	对数变动距离	偏向低收入距离	对数变动距离	偏向低收入距离
2010—2012	0.0105	0.2154	0.1231	0.4587
2012—2014	0.1401	0.4538	0.1120	0.5253
2014—2016	0.3069	0.6075	0.1311	0.5670

三、不同地区绝对收入流动性的比较分析

不同地区间的经济发展水平差异造成各地区的收入水平也存在较大不同，进而不同地区家庭的绝对收入流动性也不尽相同。对东、中、西部三个地区家庭的绝对收入流动性进行比较分析，可以发现绝对收入流动性的区域特征。

（一）三个地区无方向的收入流动对比

基于 CHNS 样本分别对东部、中部及西部地区家庭无方向的绝对收入流动性进行测算的结果见表 5－11。

表 5－11　基于 CHNS 样本三个地区无方向的绝对收入流动性测算结果

时期	东部			中部			西部		
	对数绝对距离	对数欧氏距离	偏向低收入	对数绝对距离	对数欧氏距离	偏向低收入	对数绝对距离	对数欧氏距离	偏向低收入
1989—1991	0.6153	0.8221	0.6788	0.6829	0.9170	0.7751	0.7394	0.9752	0.7794
1991—1993	0.6401	0.8530	0.7363	0.7427	1.0253	0.7773	0.6517	0.9032	0.7440
1993—1997	0.7393	1.0078	0.8477	0.7857	1.0721	0.8996	0.7070	0.9353	0.7865
1997—2000	0.7621	1.0306	0.9520	0.8379	1.1459	0.9387	0.7502	1.0159	0.8888

续表

时期	东部			中部			西部		
	对数绝对距离	对数欧氏距离	偏向低收入	对数绝对距离	对数欧氏距离	偏向低收入	对数绝对距离	对数欧氏距离	偏向低收入
2000—2004	0.7600	1.0114	0.9013	0.8889	1.1877	1.0394	0.7995	1.0713	0.8466
2004—2006	0.7051	0.9753	0.7754	0.8527	1.1713	0.9616	0.8079	1.0562	0.9287
2006—2009	0.9134	1.1958	1.1075	0.9293	1.2645	1.1097	0.9336	1.2619	1.0972
2009—2011	0.8098	1.1662	0.8858	0.8188	1.1777	0.9550	0.8138	1.1328	0.9098
2011—2015	0.9827	1.3752	1.1408	1.1039	1.4739	1.3211	0.9753	1.3350	1.0847
1989—1997	0.8633	1.1031	1.0161	0.8505	1.1275	0.9739	0.8131	1.0838	0.9660
1997—2006	0.9204	1.1897	1.0780	0.9059	1.2291	1.0308	0.9420	1.2279	1.0965
2006—2015	1.1689	1.4376	1.3346	1.3603	1.7008	1.5983	1.1376	1.4430	1.3467

从相邻两个调查年份的测算结果来看，东部与中部地区无方向的绝对收入流动性变动趋势基本一致，即在1989—2004年整体上呈上升趋势，2004年以后呈下降与上升的交替变动特征，而西部地区除了在1991—1993年及2009—2011年有小幅下降，其他各阶段都呈明显上升趋势。从相邻年份的具体数值来看，1989—2015年各阶段中，2011—2015年的指数值达到最大，三个地区都是如此，这说明2011—2015年的无方向绝对收入流动最强，中东部地区的家庭在1989—1991年的绝对收入流动性最弱，而西部地区的家庭在1991—1993年最弱。对三个地区进行对比可以发现，随着西部大开发和中部崛起规划的实施，中西部地区的绝对流动性均高于东部地区，中部地区家庭的无方向绝对收入流动性在三个地区中是相对最强的。从1989—1997年、1997—2006年及2006—2015年这三个阶段来看，三个地区的无方向绝对收入流动性都一致表现出逐渐增强的趋势特征。

表 5-12　基于 CFPS 样本三个地区无方向的绝对收入流动性测算结果

时期	东部			中部			西部		
	对数绝对距离	对数欧氏距离	偏向低收入	对数绝对距离	对数欧氏距离	偏向低收入	对数绝对距离	对数欧氏距离	偏向低收入
2010—2012	0.8953	1.6561	1.0255	0.9212	1.2854	1.0528	1.0216	1.3949	1.1372
2012—2014	0.8731	1.6945	1.0800	0.9288	1.3734	1.0769	1.0365	1.4738	1.1970
2014—2016	0.7477	1.3251	0.9355	0.8589	1.2787	1.0761	0.9722	1.3994	1.1799

而基于 CFPS 样本对三个地区的无方向绝对收入流动性分阶段进行考察可以发现，2010 年以后三个指数值的变动趋势有所不同，表现出明显的地区差异：东部地区的对数距离指数值在逐渐下降，中西部地区的对数距离指数却呈先升后降的变动特征，而三个地区的对数欧氏距离指数值都呈先增大后减小的变动趋势，考虑到欧氏距离指数的位移敏感特性，这意味着 2012—2014 年收入大幅变动的家庭数在增多，而 2014—2016 年收入大幅变动的家庭又有所减少；偏向低收入家庭的距离指数也都表现为先增后减的变动特征，说明在 2012—2014 年的绝对收入流动过程中，相对而言基期低收入家庭的收入有较大幅度的变动。对三个地区进行对比可以发现，西部地区的对数距离指数值和偏向低收入家庭的距离指数值都是三个地区中相对最大的，这说明在 2010 年以后，相对而言西部地区低收入家庭的收入发生了更多的变动，而东部地区的对数欧氏距离指数值在 2010—2014 年是三个地区中相对最大的，这意味着在此期间，东部地区收入发生较大幅度变动的家庭更多。

（二）三个地区有方向的绝对收入流动对比

表 5-13 列示了东、中、西部地区有方向的绝对收入流动性测算结果。通过对比可以发现，如果考虑了收入流动的方向，三个地区的绝对流动性变动趋势与无方向绝对收入流动性有较大的不同。

表 5－13　基于 CHNS 样本三个地区有方向的收入流动性测算结果

时期	东部		中部		西部	
	对数变动距离	偏向低收入	对数变动距离	偏向低收入	对数变动距离	偏向低收入
1989—1991	-0.0505	0.1564	0.1123	0.4013	-0.0510	0.2919
1991—1993	0.1852	0.3928	-0.0263	0.2519	0.2503	0.5079
1993—1997	0.2595	0.5166	0.2905	0.6115	0.1591	0.4231
1997—2000	0.2909	0.5419	0.0357	0.3135	0.2582	0.5500
2000—2004	0.2491	0.5389	0.2376	0.6090	0.0207	0.3485
2004—2006	-0.0498	0.3823	0.0869	0.4138	0.1472	0.4341
2006—2009	0.5112	0.8258	0.3947	0.7035	0.3947	0.7494
2009—2011	-0.0419	0.2099	0.1400	0.4136	0.1240	0.4378
2011—2015	0.2242	0.5783	0.3311	0.7185	0.1192	0.4682
1989—1997	0.3942	0.7000	0.3764	0.7224	0.3584	0.7132
1997—2006	0.4901	0.8278	0.3602	0.6522	0.4261	0.7592
2006—2015	0.6935	0.9576	0.8658	1.2552	0.6378	0.9891

东部地区的结果显示，2000 年之前，收入对数变动距离指数值和偏向低收入家庭的对数变动距离指数值一直在稳步提升，2004—2006 年对数变动距离指数值却发生了大幅度显著下降，而偏向低收入家庭的指数值并没有出现剧烈的下降，这意味着在此期间发生收入下降的主要是中高收入家庭，2006—2009 年两个指数值都有较大幅度的提升，但在 2009—2011 年却又都发生了较大幅度的下降，此阶段的变动可能是受到全球金融危机的影响；中部地区的有方向绝对收入流动性指数经历了下降与上升的交替变动过程，这表明中部地区相邻两期有方向的绝对收入流动性波动较大；西部地区的结果显示，2000 年之前有方向的绝对收入流动性波动较大，2000 年以后

呈现出以2009年为转折点的先升后降变动趋势。从1989—1997年、1997—2006年及2006—2015年这三个阶段来看，东部与西部地区有方向的绝对收入流动性都在逐步提升，而中部地区在1997—2006年有小幅下降，这意味着在1997—2006年中部地区的家庭人均收入增长速度有所放缓。

基于CFPS样本的测算结果表5-14显示，在2010—2012年、2012—2014年及2014—2016年的三个阶段中，东部地区两个指数值都呈先上升后小幅下降的变动特征，这说明东部地区家庭有方向的绝对收入流动性在2010—2014年显著增强，到2014—2016年又有所趋弱；而中西部地区家庭的收入对数变动距离指数值呈先降后升的变动特征，这说明在2012—2014年，中西部地区家庭人均收入的增幅有所下降，而中西部地区偏向低收入家庭的指数值在这三个阶段都呈上升趋势，这意味着2012—2014年收入增幅下降的主要是中高收入家庭。

表5-14　基于CFPS样本三个地区有方向的收入流动性测算结果

时期	东部		中部		西部	
	对数变动距离	偏向低收入	对数变动距离	偏向低收入	对数变动距离	偏向低收入
2010—2012	0.0376	0.2836	0.0914	0.3535	0.1169	0.4596
2012—2014	0.2111	0.5553	0.0768	0.4535	0.0449	0.4561
2014—2016	0.1876	0.4708	0.2406	0.6194	0.1900	0.6529

第六章

基于长期收入分配失衡及社会福利变化的收入流动性测度方法与实证研究

收入分配失衡主要表现为收入的不平等、贫困和极化等形式。通常对收入分配失衡的研究是以年度收入为分析对象，而由于收入流动性的存在，个体收入会随着时间而变化，从而导致长期收入失衡可能偏离于年度收入失衡。收入流动性从动态演进的视角分析同一对象的收入在不同时期间的变动，这将收入失衡的研究延伸到时间序列之中，进而探讨在更长时段内的收入分配问题。如果假定社会偏好具有收入失衡规避特性，其他条件相同时社会更偏好于更为均衡的收入分配，而收入流动性通常有助于缓解长期收入失衡并增进社会福利，则更大的收入流动性是社会所希望的。正是基于此种考虑，从长期收入失衡及社会福利变化视角对收入流动性进行测度是非常必要的。本章将收入流动性与长期收入失衡及社会福利结合起来进行分析，着重探讨基于长期收入分配失衡及社会福利水平变化的收入流动性测度方法，并利用跨越年份最长的 CHNS 样本数据对长期不平等、长期贫困、长期极化及社会福利变动视角下的收入流动性进行实际测度。

第一节　基于长期不平等变化的收入流动性测度方法与实证研究

收入不平等的加剧是一个世界性的现象，托马斯·皮凯蒂在其著作《21 世纪资本论》中指出“不平等的增加已经成为世界性潮流，每个国家和地区都是如此”，世界经济论坛发布的《2017 年全球风险报告》指出，日益加剧的收入和财富不平等问题是 2017 年全球经济面临的首要风险，也是威胁未来 10 年全球发展的最大问题。数据显示，20 世纪 80 年代中国的基尼系数是 0.3 左右，远低于同期发展中国家的平均水平，随着经济快速发展、人民生活水平不断提高，收入差距也逐步扩大，2003 年到 2008 年，中国的基尼系数从 0.479 提高到 0.491，之后虽然逐年下降，但 2017 年仍高达 0.467，而 2016 年美国的住户收入基尼系数是 0.464，韩国的基尼系数为 0.304，欧洲国家的基尼系数大部分在 0.3—0.4 之间，当前中国基尼系数过大，在学术界基本上已经形成共识。然而仅分析某一特定年份的收入不平等程度无法把握收入分配的全貌，由于收入流动性的存在，即便同一群体不同年份的收入分布看似一样，其中个体可能存在巨大变动，因此还要从动态角度分析长期收入差距是否有缩小的趋势。如果一个社会具有较大的收入流动性，则意味着上一个时期收入较低的人群在下一个时期通过努力就有较高的机会迈入高收入阶层，也就是说，从长期和动态的视角来看，收入流动可能对长期收入不平等产生影响。

一、基于长期不平等变化的收入流动性测度方法研究

收入不平等是最常见的一种收入失衡现象。现有文献中从长期收入不平等变化的视角对收入流动性进行测度的方法主要有 Shorrocks 指数法、CDW 指数法和 Fields 指数法。

（一）Shorrocks 指数

学术界一般公认 Shorrocks（1978）为第一个研究收入流动性与长期收入不平等关系的学者，他指出“本质上，收入流动性度量的是随着考察期的延长收入不平等下降的程度”，进而通过长期收入不平等程度与各期收入不平等加权平均进行对比以反映收入流动性的大小。设 y_{it} 表示第 i 个个体在第 t 期的收入，$i=1$，…，n，$t=1$，…，T，$Y_t=(y_{1t}, y_{2t}, \cdots, y_{nt})$ 为第 t 期的收入向量，$\widehat{Y}_i=\sum_{t=1}^{T} y_{it}$ 表示第 i 个个体的长期收入，$\widehat{Y}=(\widehat{Y}_1, \widehat{Y}_2, \cdots, \widehat{Y}_n)$ 为长期收入向量，$I(\cdot)$ 为衡量收入不平等程度的指标，Shorrocks

（1978）提出可以用M_{IS}指数测度收入流动性：

$$M_{IS} = 1 - \frac{I(\widehat{Y})}{\sum_{t=1}^{T} W_t I(Y_t)} \tag{6-1}$$

其中，$w_t = \frac{\mu_t}{\sum_{t=1}^{T} \mu_t}$为第 t 期的权重，μ_t为第 t 期的平均收入，满足 $\sum_{t=1}^{T} w_t = 1$ 。从关注长期收入不平等降低的程度来看，M_{IS}的值越大，意味着收入流动性越大，与最大的收入流动性相对应的是每个单期都存在不平等但长期收入是绝对平等的情形。

（二）CDW 指数

Chakravaity，Dutta 和 Weymark（1985）提出的 CDW 指数方法也可以反映长期不平等变化视角的收入流动性。

CDW 指数方法首先需要定义完全相对不流动状态作为比较的基准。对于收入分布变化：$Y_1 \to Y_2 \to \cdots \to Y_T$，其中 $Y_t = (y_{1t}, y_{2t}, \cdots, y_{nt})$，如果所有个体在每期的收入份额保持不变且都等于第一期的收入份额，即$y_{it}/\mu(Y_t)$为常数，则收入分布被定义为完全不流动状态（Completely Immobile）。那么由该定义可以推知：$y_{it} \to y_{i1}\mu(Y_t)/\mu(Y_1)$代表的正是完全不流动性，这一状态被作为收入流动性比较的基准，在这个基准下的长期收入分布为 $Y_R^b = \left(\sum_{t=1}^{T} y_{1t} \cdot \frac{\mu(Y_t)}{\mu(Y_1)}, \sum_{t=1}^{T} y_{2t} \cdot \frac{\mu(Y_t)}{\mu(Y_1)}, \cdots, \sum_{t=1}^{T} y_{nt} \cdot \frac{\mu(Y_t)}{\mu(Y_1)}\right)$，实际的长期收入分布记为 $\widehat{Y} = \left(\sum_{t=1}^{T} y_{1t}, \sum_{t=1}^{T} y_{2t}, \cdots, \sum_{t=1}^{T} y_{nt}\right)$，进而可以通过比较$\widehat{Y}$与$Y_R^b$的不平等变动程度来反映收入流动性的大小：

$$M_{CDW} = \frac{I(Y_R^b) - I(\widehat{Y})}{1 - I(Y_R^b)} \tag{6-2}$$

$\widehat{Y}$是实际的长期收入，Y_R^b是作为比较基准的长期收入，且基准各期收入的均值与实际各期收入的均值相同。如果我们把平等指标用

$E(\cdot)=1-I(\cdot)$表示，则（6－2）式就可以变形为：

$$M_{CDW}=\frac{E(\widehat{Y})-E(Y_R^b)}{E(Y_R^b)} \tag{6-3}$$

该指数又可以解释为：相对于基准收入分布而言，实际的长期收入分布平等程度变动的比例。从关注长期收入不平等降低的程度来看，M_{CDW}的值越大意味着收入流动性越强，如果实际的长期收入的平等程度大于基准的长期收入平等程度，表示收入流动促进了长期收入的均等化，则有$M_{CDW}>0$，其值越大意味着长期收入分布的平等化程度越高；反之，则有$M_{CDW}<0$，表示收入流动加剧了长期不平等。

（三）Fields 指数

与 Shorrocks（1978）测度收入流动性的思路有所不同，Fields（2010）将第 1 期作为长期收入的对比时期，提出了收入流动性作为长期收入均衡器的推动（progressivity）指标：

$$M_{IF}=1-\frac{I(\widehat{Y})}{I(Y_1)} \tag{6-4}$$

其中，$\widehat{Y}$表示长期收入，Y_1表示初始收入，$I(\cdot)$为衡量收入不平等程度的指标。如果$M_{IF}=0$则表示该时段内长期收入的不平等程度与起始年的收入不平等程度一样，意味着收入流动性为 0，如果$M_{IF}>0$表示由于收入流动性的存在使得长期收入分配不平等程度相对于基期更加平等，$M_{IF}<0$则相反。从关注长期不平等降低的程度来看，M_{IF}的值越大表示收入流动性越大。Fields（2010）在应用时将各期收入的简单算术平均作为长期收入，对于不平等指标选用了基尼系数。

在 Fields 指数的基础上，还可以对基于长期不平等变化的收入固化指数进行分解。如果记$R=\frac{I(\widehat{Y})}{I(Y_1)}$为衡量收入固化程度的指标，当不平等指数$I(\cdot)$采用泰尔 T 指数 GE(1)时，收入固化指数 R 可以在不同组别间进行分解，从而可以提取出组间固化指数和组内固化指数。当所有家庭被分为 k 组时，分解公式可以表示为：

$$R = \frac{GE_1^W(\widehat{Y}) + GE_1^B(\widehat{Y})}{GE_1(Y_1)} = \frac{\sum_k v_k \lambda_k GE_1^k(\widehat{Y})}{GE_1(Y_1)} + \frac{\sum_k v_k \lambda_k \ln \lambda_k}{GE_1(Y_1)} \tag{6-5}$$

其中，v_k表示第 k 组的人口份额，λ_k表示第 k 组平均收入与总平均收入之比，$GE_1(Y_1)$表示用 $GE(1)$指数测度的基期不平等程度，$GE_1^k(\widehat{Y})$表示用 $GE(1)$指数测度的第 k 组的长期不平等程度。公式（6－5）中，右端第一项表示组内固化指数，第二项表示组间固化指数，实际分析中可以分别计算两者占总固化指数的比重以及各自对总固化指数的贡献。

（四）三种方法的比较与说明

对上述三种方法进行比较可以发现，Shorrocks 指数是将各年不平等的加权平均作为长期收入不平等的比较基准，分母的某个数值可能对应了多种情形，因而具有很大的不确定性，如果 A、B、C 三人基期的收入为（1，10，30），对应的报告期收入有两种情况：（1，10，20）与（1，10，30），则以基尼系数为不平等指标计算出的 Shorrocks 指数两种情况是相同的，但实际上第一种收入变动会导致长期不平等的下降，第二种收入变动不改变长期收入不平等程度，即（1，10，30）→（1，10，20）的收入流动性更大，Benabou 和 Ok（2001）及 Fields（2010）等也都对此提出了疑问。而 CDW 指数和 Fields 指数则都将长期收入的不平等程度与起始年份收入的不平等程度相比，比较的基准时期明确，能更好地反映基于长期不平等变动的收入流动性程度。

Fields 指数除了可以用于测度基于长期收入不平等变化的收入流动性之外，也可以用来分析收入流动性对长期不平等的影响效应大小。由于每个个体的长期收入往往要比某一时期的收入数据更加平滑，长期收入的不平等程度一般都小于某一时期的收入不平等程度，因此，在分析过程中收入流动性对长期不平等的缓解效应可以定义为长期收入不平等的下降幅度。当长期收入的不平等程度与基期收入的不平等程度相同时，收入流动性的缓解效应为0，而当基期的收入存在不平等，而长期收入完全平等时，收入流动性对长期不平等的缓解效应最大。

（五）一种新的长期收入计算方法

关于长期收入的定义与计算方法，国内现有文献中大都将长期收入视为各期收入的简单算术平均，这种处理方法就意味着对于如（50，100）、（75，75）及（100，50）三种情形的长期收入水平都是相同的，这就忽略了不同时期之间收入转移的成本与收益，即忽略了收入的时间价值。关于这一点，Chakravaity et al.（1985）、Atkinson et al.（1992）及 Fields 和 Ok（1999）等都对其合理性提出了质疑。Maasoumi 和 Zandvakili（1986，1990）认为应将不同年份的收入区别对待，即考虑收入的跨期替代弹性，提出了一个不同的长期收入计算方法，但是他们的方法无法体现出不同时期收入的时间价值及信贷市场对长期收入所发挥的作用。

本书在对不同时期的收入进行加总平均时，考虑了各期收入的时间价值及收入跨期转移的成本，将不同时期的收入通过折现得到长期收入。记$\widehat{Y}_T$为第 1 期到第 T 期的长期收入，本书采用的长期收入$\widehat{Y}_T$的计算方法如下：

$$\widehat{Y}_T = \frac{y_T + \sum_{t=1}^{T-1} y_t \prod_{i=1+t}^{T} (1 + r_i)}{1 + \sum_{t=1}^{T-1} \prod_{i=1+t}^{T} (1 + r_i)} \tag{6-6}$$

式中y_t为第 t 期的收入，r_i为第 $i-1$ 期到第 i 期的折现率。本章以下如无特别说明，都采用此种方法计算长期收入。关于折现率r_i的值，在具体计算时取各年一年期存款利率。

本书在计算时将第 1 期作为长期收入的对比时期，基于 Fields 指数形式测度基于长期收入不平等变动的收入流动性，具体计算公式为：

$$M_I = 1 - \frac{I(\widehat{Y}_T)}{I(Y_1)} \tag{6-7}$$

对于不平等指标 $I(\cdot)$ 的具体形式，现有文献中大多采用基尼系数（Gini Coefficient）。基尼系数是反映收入不平等程度最常用的指标，假设经济体中有 n 个家庭，第 i 个家庭的人均收入与人口份额分别记为 x_i、s_i，且 $x_1 \leqslant x_2 \leqslant \cdots \leqslant x_n$，所有家庭的总人均收入记为 μ，则基尼系数的计算方法可为 $Gini = \frac{[2\text{cov}(x_i, \sum_{j=1}^{i} s_i) - \text{cov}(x_i, s_i)]}{\mu}$。值得注意的是，基尼系数对中等收入水平的变化较为敏感，但其对收入分布两端不敏感，鉴于此，本书在测算时对于收入不平等指标选用了基尼系数和一般熵指数。一般熵指数 $GE(0)$、$GE(1)$ 及 $GE(2)$ 相应的计算公式分别为：$GE(0) = \sum_{i=1}^{n} s_i \ln(\mu/x_i)$、$GE(1) = \sum_{i=1}^{n} s_i(x_i/\mu)\ln(x_i/\mu)$、$GE(2) = 0.5\sum_{i=1}^{n} s_i[(x_i/\mu)^2 - 1]$，其中 $GE(0)$ 又称为泰尔 L 指数，$GE(1)$ 又称为泰尔 T 指数，$GE(0)$ 和 $GE(1)$ 对底层收入水平的变化更为敏感，而 $GE(2)$ 对顶层收入水平的变化更为敏感。不难发现，基尼系数与一般熵指数在衡量收入的差异程度时具有一定的互补性，二者相结合可以更为全面地考量收入不平等状况。

二、基于长期不平等变化的中国家庭收入流动性实证分析

（一）基于长期不平等变化的收入流动性测度

通过长期收入不平等程度与基期收入不平等程度进行对比来反映收入流动性的大小，表 6 - 1 列示了基于四个收入不平等指标的测算结果。从表 6 - 1 来看，所有收入流动性指数值都大于 0，表明任意时间段内长期收入的不平等程度与基期相比都有所降低，这也意

味着收入流动性使得长期收入的分配格局与基期相比更加平等了。

测算结果显示，1989—2015 年，随着考察期的延长，基于长期收入不平等程度变化的收入流动性在经过短暂的提升之后逐渐下降，转折点发生在 2006 年左右：2006 年之前随着时间的推移，考察期越长，指数值越大，基于 Gini 的收入流动性指数值与基于一般熵指数 *GE*(0)、*GE*(1)及 *GE*(2)的收入流动性结果都是如此，说明 2006 年之前收入流动性对于缓解长期收入不平等发挥着积极的作用，且考察期越长这种作用越显著；2006 年以后，除了 *GE*(2)的值在 2011 年有所增大外，基于 Gini 与基于一般熵指数 *GE*(0)、*GE*(1)的收入流动性指数值显示出了一致的下降趋势，这表明 2006 年之后，收入流动性促进长期收入均等化的作用在逐渐减弱。

表 6－1　基于长期收入不平等变化的收入流动性测算结果

时期	基于 Gini	基于 GE（0）	基于 GE（1）	基于 GE（2）
1989—1991	0. 1672	0. 3481	0. 3081	0. 3578
1989—1993	0. 2136	0. 4404	0. 3920	0. 4372
1989—1997	0. 2607	0. 5044	0. 4587	0. 5058
1989—2000	0. 2827	0. 5452	0. 5021	0. 5509
1989—2004	0. 2939	0. 5662	0. 5155	0. 5532
1989—2006	0. 2959	0. 5726	0. 5127	0. 5362
1989—2009	0. 2882	0. 5583	0. 4820	0. 4588
1989—2011	0. 2852	0. 5583	0. 4874	0. 4814
1989—2015	0. 2744	0. 5418	0. 4633	0. 4568
1989—2000	0. 2476	0. 5247	0. 4566	0. 4896
2004—2015	0. 1912	0. 4173	0. 3280	0. 3424

如果进一步将所有的调查年份，即 1989 年、1991 年、1993 年、1997 年、2000 年、2004 年、2006 年、2009 年、2011 年及 2015 年分

为包含调查年数相同的两个时间阶段，1989—2000 年为第一个阶段，2004—2015 年为第二个阶段。两个阶段的测算结果显示，1989—2000 年的各流动性指数值都明显大于 2004—2015 年的流动性指数值，这说明与第一个阶段相比，第二个阶段收入流动性促进长期收入均等化的作用变小了，即收入流动性有所下降。

对比表 6-1 的结果不难发现，基于基尼系数的收入流动性指数值都小于相应时期基于一般熵指数的收入流动性指数值，考虑到基尼系数对中等收入群体的收入变动更为敏感，这意味着相对于收入分布两端的收入群体而言，收入流动性对中等收入群体的长期收入均等化作用相对更弱。

无论是一般性的观察还是专业性的研究都承认，按照国际标准来说，中国的收入不平等程度是较高的，那么年度收入不平等程度的加剧是否伴随长期收入不平等的扩大呢？基于长期不平等变化的收入流动性测算结果显示，答案是否定的。分析结果显示，收入流动性有助于缓解长期收入的不平等程度，在收入流动性背景下，中国家庭长期收入差距并没有想象中的那么大。

（二）收入固化指数的分解分析

1. 城乡分解

一直以来，我国城乡二元经济结构导致城乡之间的收入差距、城镇内部以及农村内部的收入差距具有不同的特征。收入不平等指标采用 GE（1）时，固化指数 R 根据公式（6-5）的分解方法按城乡的分解结果见表 6-2。

表 6-2　固化指数的城乡分解结果：基于 GE（1）指数

时期	全国	城乡间	城乡内	城乡间贡献	城乡内贡献
1989	1.0000	0.0287	0.9713	0.0287	0.9713
1989—1991	0.6934	0.0193	0.6726	0.0279	0.9721
1989—1993	0.6093	0.0194	0.5886	0.0319	0.9681

续表

时期	全国	城乡间	城乡内	城乡间贡献	城乡内贡献
1989—1997	0.5424	0.0200	0.5213	0.0369	0.9631
1989—2000	0.4989	0.0212	0.4767	0.0426	0.9574
1989—2004	0.4855	0.0205	0.4639	0.0424	0.9576
1989—2006	0.4883	0.0176	0.4697	0.0362	0.9638
1989—2009	0.5191	0.0159	0.5021	0.0306	0.9694
1989—2011	0.5137	0.0153	0.4974	0.0298	0.9702
1989—2015	0.5379	0.0131	0.5237	0.0244	0.9756

以 1989 年的收入不平等程度作为对比的基准，测算结果显示，整体来看，随着考察期的延长，全国层面上的收入固化指数呈现出先减小后增大的变动趋势，2006 年之前全国层面上的固化指数在逐渐减小，2006 年以后全国层面上的固化指数在逐渐变大，这意味着与基准年份的不平等程度相比，长期收入的不平等程度经历了先下降后上升的过程，2006 年以后的收入流动性对长期收入的均等化效应逐渐减弱。

按城乡分解的结果显示，长期收入的固化主要发生在城镇与农村内部。对城乡间贡献率与城乡内贡献率进行趋势分析可以发现，2004 年之前城乡之间的长期收入固化贡献率呈上升趋势，城乡内部的长期收入固化贡献率呈下降趋势，而 2004 年以后城乡内部的长期收入固化贡献率呈上升趋势，城乡之间的长期收入固化贡献率呈下降趋势。这也从侧面反映了 2004 年之前城镇与农村之间的长期收入差距在不断拉大，2004 年以后城镇与农村之间的长期收入差距有逐渐缩小的趋势，而城镇与农村内部的长期收入差距逐渐扩大。

2. 区域分解

对收入固化指数按照东、中、西部三个地区进行分解的结果见表 6－3。

表6－3的分解结果显示，区域间的固化指数整体上在逐渐增大，区域内的固化指数在逐渐变小，这反映了三个地区之间的长期收入不平等程度在逐年扩大，而地区内部的长期收入不平等程度有逐年下降的趋势。从区域间与区域内各自贡献率的大小来看，长期收入的固化主要发生在各地区内部。从各自贡献率的变动趋势来看，在考察期内随着时间的推移，区域间贡献率稳步提升，区域内贡献率逐年下降，这说明东、中、西三个地区之间的长期收入固化程度在上升，地区内部的长期收入固化程度在逐渐下降。

表6－3　固化指数的区域分解结果：基于GE(1)指数

时期	全国	区域间	区域内	区域间贡献	区域内贡献
1989	1.0000	0.0172	0.9828	0.0172	0.9828
1989—1991	0.6934	0.0198	0.6735	0.0286	0.9714
1989—1993	0.6093	0.0167	0.5926	0.0275	0.9725
1989—1997	0.5424	0.0193	0.5231	0.0356	0.9644
1989—2000	0.4989	0.0240	0.4749	0.0482	0.9518
1989—2004	0.4855	0.0320	0.4535	0.0658	0.9342
1989—2006	0.4883	0.0331	0.4552	0.0678	0.9322
1989—2009	0.5191	0.0339	0.4852	0.0653	0.9347
1989—2011	0.5137	0.0356	0.4781	0.0693	0.9307
1989—2015	0.5379	0.0407	0.4972	0.0756	0.9244

三、基于长期不平等变化的城乡收入流动性比较分析

表6－4和表6－5列示了基于四个收入不平等指标测算的城镇与农村内部的收入流动性指数结果。

表 6－4　城镇家庭长期收入不平等变化的收入流动性测算结果

时期	基于 Gini	基于 GE(0)	基于 GE(1)	基于 GE(2)
1989—1991	0.1064	0.2445	0.2455	0.3188
1989—1993	0.0897	0.2750	0.2488	0.2919
1989—1997	0.1429	0.3544	0.3440	0.4095
1989—2000	0.1602	0.3718	0.3754	0.4562
1989—2004	0.1397	0.3660	0.3694	0.4522
1989—2006	0.1194	0.3345	0.3407	0.4263
1989—2009	0.1069	0.3155	0.3173	0.4044
1989—2011	0.0970	0.2922	0.3017	0.3954
1989—2015	0.0678	0.2724	0.2565	0.3238

表 6－5　农村家庭长期收入不平等变化的收入流动性测算结果

时期	基于 Gini	基于 GE(0)	基于 GE(1)	基于 GE(2)
1989—1991	0.1811	0.3624	0.3235	0.3747
1989—1993	0.2368	0.4619	0.4183	0.4699
1989—1997	0.2817	0.5262	0.4837	0.5330
1989—2000	0.3086	0.5709	0.5305	0.5796
1989—2004	0.3249	0.5940	0.5458	0.5823
1989—2006	0.3283	0.6012	0.5429	0.5636
1989—2009	0.3188	0.5854	0.5091	0.4767
1989—2011	0.3179	0.5868	0.5163	0.5032
1989—2015	0.3083	0.5683	0.4920	0.4828

城镇家庭的测算结果表明，随着考察期的扩展，基于不同不平等指标测算的收入流动性指数变动趋势并不完全一致。1993 年之前，基于 GE(0)和 GE(1)的收入流动性指数在增强，而基于 Gini 和 GE(2)测得的流动性指数在减弱，这主要是由于各不平等指标对收入分布不同部分的敏感性不同。1993 年以后基于四个不平等指标测算的收入流动性变动趋势基本一致，以 2000 年为界，城镇家庭基于不平等变化的收入流动性呈先增后减的变动趋势。2000 年之前收入流动性在逐渐增强，意味着收入流动性对长期收入的均等化效应逐渐增大，长期收入的不平等程度逐渐趋缓；2000 年以后，基于各不平等指标测算得到的流动性指数值都在逐渐变小，这意味着收入流动性对城镇家庭长期收入不平等的缓解效应逐渐下降，长期收入的不平等程度有加剧的倾向。

农村家庭的测算结果显示，在整个考察时间段内，基于四个不平等指标的收入流动性指数整体上呈现出以 2004 年为界的两阶段特征，2004 年之前呈上升趋势，2004 年以后在波动中呈现下降趋势，这说明以 1989 年为基准时期，收入流动对农村家庭长期收入不平等的缓解效应先增强，2004 年之后逐渐下降。

对比城镇与农村各自的收入流动性测算结果可以发现，各时段上基于相同指标测算得到的农村家庭的收入流动性指数值都要大于相应时段上城镇家庭的流动性指数值，这说明农村的基于长期收入不平等变化的收入流动性更强，即相较于城镇，收入流动性对促进农村家庭的长期收入均等化效应更大。

四、基于长期不平等变化的地区收入流动性比较分析

表 6－6、表 6－7 及表 6－8 分别列示了东部、中部和西部地区基于长期收入不平等变化的收入流动性指数测算结果。

表 6-6　东部地区家庭长期收入不平等变化的收入流动性测算结果

时期	基于 Gini	基于 GE(0)	基于 GE(1)	基于 GE(2)
1989—1991	0.1186	0.2365	0.1865	0.2351
1989—1993	0.1669	0.3217	0.2634	0.3174
1989—1997	0.2377	0.4081	0.3714	0.4436
1989—2000	0.2673	0.4361	0.4123	0.4899
1989—2004	0.2907	0.4994	0.4535	0.5043
1989—2006	0.2953	0.5240	0.4790	0.5311
1989—2009	0.3116	0.5652	0.5262	0.5820
1989—2011	0.3049	0.5590	0.5201	0.5769
1989—2015	0.2998	0.5451	0.4948	0.5431

表 6-7　中部地区家庭长期收入不平等变化的收入流动性测算结果

时期	基于 Gini	基于 GE(0)	基于 GE(1)	基于 GE(2)
1989—1991	0.1714	0.3515	0.3013	0.3253
1989—1993	0.2077	0.4395	0.3729	0.3817
1989—1997	0.2514	0.5007	0.4329	0.4403
1989—2000	0.2666	0.5349	0.4725	0.4895
1989—2004	0.2806	0.5492	0.4865	0.4996
1989—2006	0.2725	0.5286	0.4444	0.4183
1989—2009	0.2636	0.5008	0.3773	0.2181
1989—2011	0.2669	0.5053	0.3979	0.2887
1989—2015	0.2521	0.4837	0.3698	0.2734

表 6-8 西部地区家庭长期收入不平等变化的收入流动性测算结果

时期	基于 Gini	基于 GE(0)	基于 GE(1)	基于 GE(2)
1989—1991	0.2383	0.4355	0.4256	0.5113
1989—1993	0.2944	0.5325	0.5242	0.6102
1989—1997	0.3387	0.5949	0.5818	0.6581
1989—2000	0.3849	0.6633	0.6487	0.7156
1989—2004	0.3955	0.6858	0.6674	0.7286
1989—2006	0.4148	0.7150	0.6934	0.7489
1989—2009	0.3934	0.6832	0.6453	0.6888
1989—2011	0.3918	0.6860	0.6475	0.6900
1989—2015	0.3885	0.6865	0.6479	0.6905

东部地区的测算结果显示，随着考察时期的拓展，基于长期收入不平等变化的收入流动性呈现出以 2009 年为分界点的两阶段变动特征，2009 年之前，收入流动性指数值呈现逐渐上升趋势，2009 年流动性指数达到最大值，而后开始出现下降的倾向，基于四个不平等指标的测算结果都是如此；中部地区的收入流动性测算结果则显示出以 2004 年为界的两阶段特征，2004 年之前的流动性指数值呈现逐渐递增趋势，2004 年增至最大值，之后开始在波动中下降；西部地区家庭的收入流动性指数总体上呈现出以 2006 年为分界点的先升后趋于稳定的走势特征。

对三个地区的结果对比分析可以发现，随着考察期的延长，西部地区各阶段的收入流动性指数值最大，基于不同指标的测算结果都是如此，至于收入流动性最弱的地区，不同时间阶段的结论并不一致：2004 年之前是东部地区的收入流动性最弱，而 2004 年之后中部地区的收入流动性最弱。这说明在三个地区中，西部地区的收入流动性对长期收入不平等的缓解效应最强，各阶段都是如此，而2004年之前东部地区的收入流动性对长期收入不平等的缓解效应相对最小，2004年以后中部地区的收入流动性对长期收入不平等的缓解效应相对最小，比较而言，东部和中部地区内部的长期不平等形势较为严峻。

第二节 基于长期贫困变化的流动性测度方法与实证研究

贫困是另外一种形式的收入分配失衡，它重点关注低收入群体的收入状况。经济学家们已经注意到根据截面数据计算得出的静态视角的贫困发生率、贫困缺口等贫困指标无法反映贫困的全貌，需要同时关注长期收入的贫困及其动态变化，这为收入流动性的测度提供了一个新的视角。

一、基于长期贫困变化的收入流动性测度方法研究

如果对贫困的观察时段扩展到一年以上就会发现，由于收入流动性的存在个体的收入地位在不同年度之间往往会发生变动，进而使收入分配在长期内得到平滑。由于单一年份视角下的贫困分析忽略了收入流动性对长期收入贫困的补偿效应，这提示我们可以从长期贫困变化的角度对收入流动性问题进行考察。如果$\widehat{Y}_T$表示长期收入，Y_1表示初始收入，$P(\cdot)$表示贫困指数，则基于长期贫困变动的收入流动性指标可为：

$$M_P = 1 - \frac{P(\widehat{Y}_T)}{P(Y_1)} \tag{6-8}$$

从关注长期贫困降低的角度来看，M_P值越大意味着收入流动性越强。通过M_P还可以度量收入流动性对长期贫困的影响，当$M_P>0$，表示相对于初始收入分配状态而言，收入流动性缓解了长期收入分配的贫困状况；$M_P<0$ 则表示收入流动性加剧了长期收入的贫困状况；$M_P=0$ 表示长期收入的贫困状况与起始期的贫困状况相同。本书在分析时对于贫困指数 P（·）采用 Sen 贫困指数、SST 贫困指数和 FGT 贫困指数三个综合测量贫困程度的代表性指标，利用其考察基于长期贫困变化的收入流动性。

Sen 贫困指数是 Sen（1976）推导出的刻画贫困状况的指数，其计算公式为：

$$P_S(Y,Z) = \frac{2}{(q+1)nz}\sum_{i=1}^{q}(q+1-i)(z-y_i) \quad (6-9)$$

其中 z 表示贫困线，本书采用了相对贫困线的确定方法，即把所分析时期收入中位数的一半作为贫困线标准，q 表示贫困个体数，将所有个体的收入按照升序排列，则y_i表示第 i 个个体的收入水平。

针对 Sen 贫困指数，很多学者提出了对其进一步完善和修正的方法，比较有代表性的有 Thon（1979）和 Shorrocks（1995），修订后的公式称为 SST 贫困指数，可以通过如下公式进行计算：

$$P_{SST} = HR(1+G_S) \quad (6-10)$$

其中 H 为贫困发生率，R 表示贫困缺口，若记r_i为第 i 个家庭相对贫困缺口的大小，即$r_i=\max\{(z-y_i)/z,0\}$，则G_s表示 $r=\{r_n,\cdots,r_2,r_1\}$的基尼系数。

FGT 贫困指数是 Foster，Greer 和 Thorbecke（1984）提出的测度贫困状况的指数族，计算公式为：

$$P_{FGT}(Y,Z) = \frac{1}{n}\sum_{i=1}^{q}\left(\frac{z-y_i}{z}\right)^{\alpha} \quad (6-11)$$

其中 α 为贫困厌恶系数，其值越大表示对贫困的厌恶程度越高，本书在测算过程中取 $\alpha=2$。当 $\alpha=2$ 时，P_{FGT}包含了贫困广度、贫困深度和贫困强度三大因素对贫困水平的综合影响，对贫困状态的变动把握更为全面。

联合国的可持续发展议程提出要在2030年全球范围内消除绝对贫困。中国贫困问题是相对贫困与绝对贫困并存，绝对贫困逐渐得到解决，相对贫困还会长期存在，同时长期收入的贫困问题也需要引起重视，通过M_P不仅可以从长期相对贫困变化的视角对收入流动性进行测度，还可以衡量收入流动性对长期贫困的影响效应，可以方便地应用于对长期收入分配的动态监控。

二、基于长期贫困变化的中国家庭收入流动性实证分析

基于Sen贫困指数、SST贫困指数和FGT_2贫困指数测算的反映长期贫困变化的收入流动性指标结果如表6－9所示。

表6－9　基于长期贫困变化的收入流动性测算结果

时期	基于Sen指数	基于SST指数	基于FGT_2指数
1989—1991	0.5218	0.5209	0.6470
1989—1993	0.6694	0.6712	0.7956
1989—1997	0.7542	0.7502	0.8541
1989—2000	0.7971	0.7914	0.8863
1989—2004	0.8420	0.8365	0.9197
1989—2006	0.8763	0.8748	0.9487
1989—2009	0.8837	0.8817	0.9509
1989—2011	0.8838	0.8843	0.9479
1989—2015	0.8769	0.8833	0.9499
1989—2000	0.7585	0.7493	0.8661
2004—2015	0.5886	0.5942	0.7315

测算结果显示，基于三个贫困指数的收入流动性指数M_P的值在各阶段都大于0，这反映了各阶段的收入流动性都有利于改善长期收入的相对贫困状况。

从收入流动性的变动趋势来看，以1989年为分析对比的基准时期，随着考察期的扩展，基于Sen指数M_P值与基于SST指数的M_P值在2011年之前逐渐变大，2011年达到最大值，之后有所减小，而基于FGT_2指数的M_P值在2009年之前逐渐增大，2009年达到最大值0.9509，之后有所减小，这说明2009年之前基于长期贫困变化的收入流动性在逐渐增强，2009—2011年基于长期贫困变化的收入流动性开始逐渐减弱，收入流动性对长期收入相对贫困状况的缓解效应有所下降。进一步将所有调查年份分为包含调查年份相同的两个阶段，即1989—2000年阶段与2004—2015年阶段，对比这两个阶段上的测算结果可以发现，2004—2015年的收入流动性指数要小于1989—2000年的收入流动性指数，基于三个贫困指标的结果都是如此，表明收入流动性对长期贫困的缓解作用整体上有所减弱，这与短期的分析结论一致。

通过以上分析不难发现，从收入流动性对长期贫困的影响效应来看，即使短期内居民家庭的贫困状况是不理想的，但随着考察期的延长，收入流动性的存在往往可以在一定程度上改善贫困家庭的收入分配状况，从而使整个收入分布的长期贫困状况得以改善。

三、基于长期贫困变化的城乡收入流动性比较分析

为了分析基于长期贫困变化的收入流动性的城乡差异，分别计算了城镇与农村的M_P，具体结果如表6-10所示。分城乡的测算结果显示，基于Sen指数、SST指数和FGT_2指数计算各阶段的M_P指数都大于0，表明城镇与农村的收入流动性对于长期贫困的缓解都发挥着积极的作用。

表 6-10　基于长期贫困变化的分城乡收入流动性测算结果

时期	城镇			农村		
	基于 Sen	基于 SST	基于 FGT_2	基于 Sen	基于 SST	基于 FGT_2
1989—1991	0.3653	0.3646	0.4355	0.5234	0.5238	0.6564
1989—1993	0.5005	0.5315	0.5623	0.6724	0.6757	0.8043
1989—1997	0.5594	0.5885	0.5981	0.7695	0.7724	0.8724
1989—2000	0.3973	0.4249	0.5459	0.8232	0.8313	0.9117
1989—2004	0.3852	0.3776	0.5498	0.8586	0.8557	0.9298
1989—2006	0.2886	0.3189	0.4758	0.9020	0.9054	0.9614
1989—2009	0.3701	0.3809	0.5334	0.9019	0.9089	0.9616
1989—2011	0.3024	0.2917	0.4747	0.9073	0.9151	0.9590
1989—2015	0.3639	0.3929	0.6067	0.8996	0.9094	0.9585

从城镇的结果来看，随着考察期的扩展，1997 年之前的三个基于长期收入贫困变化的流动性指数值都在逐渐增大，1997 年之后开始呈现出在波动中下降，其中 1997—2006 年的下降趋势尤为显著。这说明 1997 年之前的收入流动性对长期贫困的缓解作用在逐渐增强，长期收入的贫困状况得到较大程度的缓解，但这种缓解效应在 1997 年之后开始逐步下降，2009 年虽有短暂回升，但整体下降的趋势没有根本改变，2015 年的情况则有所好转。

而农村的情况相对较为乐观，从测算结果显示的M_P变动趋势来看，以 1989 年作为分析比较的基准时期，随着考察期的扩展，基于长期贫困变化的三个收入流动性指数值都在逐渐增大，2015 年的M_P值虽有小幅回落，但总体来看上升趋势不变，这说明农村家庭基于长期贫困变化的收入流动性在逐渐增强，收入流动性对长期贫困的减缓效应显著且呈逐年上升趋势。

进一步比较城镇与农村的测算结果可以发现，各阶段农村家庭基于长期贫困变化的收入流动性指标值都大于相应阶段城镇家庭的指标值，这说明收入流动性对长期贫困的缓解效应存在城乡差异，较之于城镇，农村的收入流动性在缓解长期贫困方面发挥了更大的作用。

四、基于长期贫困变化的区域收入流动性比较分析

不同地区之间由于存在着地理自然条件、经济发展水平等方面的差异，收入变动状况不尽相同，基于长期贫困变化的收入流动性也有所差异。表 6－11 列示了我国东、中、西部三个地区基于 Sen 指数、SST 指数及 FGT_2指数测算的反映长期贫困变化的收入流动性指数M_p值。

表 6－11 基于长期贫困变化的各区域收入流动性对比

时期	东部			中部			西部		
	基于 Sen	基于 SST	基于 FGT_2	基于 Sen	基于 SST	基于 FGT_2	基于 Sen	基于 SST	基于 FGT_2
1989—1991	0.3726	0.3895	0.5284	0.5563	0.5559	0.6415	0.5164	0.5420	0.6868
1989—1993	0.5307	0.5427	0.6928	0.6708	0.6846	0.7870	0.6625	0.6634	0.8002
1989—1997	0.5706	0.5931	0.7055	0.7838	0.7849	0.8678	0.7800	0.7751	0.8851
1989—2000	0.5580	0.5747	0.6667	0.8266	0.8298	0.9113	0.8529	0.8562	0.9332
1989—2004	0.6703	0.7064	0.8080	0.8134	0.8124	0.9034	0.9019	0.8964	0.9564
1989—2006	0.7014	0.7321	0.8395	0.8244	0.8293	0.9199	0.9690	0.9662	0.9932
1989—2009	0.7376	0.7529	0.8751	0.8165	0.8199	0.9118	0.9672	0.9647	0.9930
1989—2011	0.7404	0.7454	0.8763	0.8147	0.8143	0.8976	0.9674	0.9692	0.9921
1989—2015	0.7830	0.7849	0.9077	0.7903	0.8001	0.8901	0.9720	0.9674	0.9935

测算结果显示，三个地区各阶段基于 Sen 贫困指数、SST 贫困指

数和 FGT_2贫困指数计算得到的M_P指数值都大于 0，说明在考察期内三个地区的收入流动性对于长期贫困的缓解都发挥了积极的作用。具体来看，东部地区的M_P指数值逐渐增大，2000 年虽有短暂下降但整体上升趋势不变，这表明在此期间东部地区的收入流动性对缓解长期贫困的效应逐渐增大，长期收入的相对贫困状况在逐渐改善；中部地区的M_P值在 2000 年之前逐年增大，2000 年以后开始在波动中逐渐下降，2006 年虽有小幅上升但之后的下降趋势不变，这说明 2000 年之前中部地区的收入流动性对应长期贫困的改善作用在逐渐增强，2000 年之后这种作用有所减弱；西部地区的情况较为乐观，在各考察阶段，基于长期贫困变化的收入流动性指数值都呈现出逐年增大的变动趋势，这意味着西部地区的收入流动性对长期贫困的缓解效应在逐年增强，长期收入的相对贫困状况得到了明显的改善。

对三个地区进行比较可以发现，西部地区各时间阶段的流动性指数值相对较大，说明西部地区的流动性对于长期贫困的缓解作用在各阶段都要优于中东部地区，东部地区的指数值在三个地区中相对最小，说明在各考察阶段东部地区的流动性对于长期贫困的缓解作用相对最弱，而中部地区收入流动性对长期贫困的缓解作用大小介于东部与西部之间。

第三节　基于长期极化变动的收入流动性测度方法与实证研究

改革开放 40 多年以来，在国民经济快速增长的同时，居民收入的不均等问题日益凸显，随着收入差距的不断扩大，收入的极化问题也被一些学者提出来。收入极化是一个有别于收入不平等和贫困的概念，通常理解为经济体中的成员向不同收入水平聚集的倾向，从而形成具有显著差异的不同群体。从收入不平等与收入极化的内涵来看，当收入发生明显的极化趋势时，必然存在收入不平等，而当收入出现不平等时，并不意味着收入极化也必然存在。一般来说，作为收入分配失衡的一种表现形式，收入极化的程度体现了社会分隔的程度和冲突爆发的可能性，从这个角度讲，关注我国的长期收入分配失衡对和谐社会的不利影响，需要研究居民收入极化问题。收入流动性的存在会使低收入群体、中等收入群体与高收入群体的长期收入分化程度与某一年份的分化程度有所不同。

一、基于长期极化变动的收入流动性测度方法研究

本书构建的基于长期收入极化变动的收入流动性测度指标为：

$$M_{\breve{P}} = 1 - \frac{\breve{P}(\widehat{Y}_T)}{\breve{P}(Y_1)} \tag{6-12}$$

其中$\widehat{Y}_T$表示长期收入，Y_1表示初始收入，$\breve{P}(\cdot)$表示极化指数。通过$M_{\breve{P}}$不仅可以测度收入流动性的大小，还可以衡量收入流动性对长期收入极化的影响效应，即与起始期的极化程度相比，收入流动是否会导致长期收入极化程度加深。长期收入的极化指数越小，$M_{\breve{P}}$值越大，相反，长期收入的极化指数越大则$M_{\breve{P}}$值越小。当$M_{\breve{P}}>0$，表示相对于初始收入分配，收入流动性缓解了长期收入的极化程度；$M_{\breve{P}}<0$则表示收入流动性加剧了长期收入的极化；$M_{\breve{P}}=0$表示长期收入的极化程度与起始期收入的极化程度一致，从关注长期收入极化降低的角度来看，$M_{\breve{P}}$越大意味着收入流动性越大。

本书着重考察低、中、高三个收入群体的收入三极分化情况，在具体计算时关于三个收入群体的界定，将家庭人均收入中位数的50%至150%视为中等收入群体，与此相对应的，低于收入中位数50%的处理为低收入群体，高于150%的处理为高收入群体。

对于收入极化的测量指数$\breve{P}(\cdot)$，分别采用 *ER*、*EGR* 和 *LU* 极化指数进行测度。假定 X_i 为第 i 组人均收入，S_i 为第 i 组人口份额，μ 为总人均收入，则 *ER* 极化指数的计算公式为：$\breve{P}_{ER}=K\sum_{i=1}^{m}\sum_{j=1}^{m}S_i^{1+\alpha}S_j\left|\frac{X_i}{\mu}-\frac{X_j}{\mu}\right|$，式中 $K>0$，为一个起标准化作用的常数，α 反映极化敏感性的参数，满足 $\alpha\in[1,6]$。*ER* 指数假定组内成员具有完全一致的认同感，这一假定往往并不能满足，*EGR* 指数克服了这一不足，*EGR* 指数的计算公式为：$\breve{P}_{EGR}=K\sum_{i=1}^{m}\sum_{j=1}^{m}S_i^{1+\alpha}S_j\left|\frac{X_i}{\mu}-\frac{X_j}{\mu}\right|-\beta(G-G(X))$，式中 $\beta>0$ 为衡量组内聚合程度的敏感性参数，G 为实际收入分布的基尼系数，$G(X)$ 为组内每个成员收入都等于该组平均收入时计算得到的基尼系数，*EGR* 指数的第一项是 *ER* 指数，第二项反映的是组内不平等，组内不平等越大意味着组内聚合程度越低，相应的极化程度越小。只有当各组成员的收入不存在重叠时，*EGR* 指数的第二项才恰好反映组内不平等。而 *LU* 指数将组内不平等的影响直接体现在认同函数中，在一定程度上克服了 *EGR* 指数的缺陷，*LU* 指数的计算公式为：$\breve{P}_{LU}=K\sum_{i=1}^{m}\sum_{j=1}^{m}S_i^{1+\alpha}S_j(1-G_i)^{\beta}\left|\frac{X_i}{\mu}-\frac{X_j}{\mu}\right|$，式中 G_i 为第 i 组的组内基尼系数。本书选取 $K=0.5$，$\breve{P}_{ER}$指数的 $\alpha=1.5$，$\breve{P}_{EGR}$的 $\beta=0.5$，$\breve{P}_{LU}$的 $\beta=1$。需要说明的是，对于参数的其他不同取值，本书也尝试进行了计算，发现总体变动趋势基本一致。

二、基于长期极化变动的中国家庭收入流动性实证分析

表 6－12 列出了根据 ER 极化指数、EGR 极化指数和 LU 极化指数测算得到的$M_{\breve{P}}$值。

表 6-12 基于长期极化变动的收入流动性测算结果

时期	基于 ER 指数	基于 EGR 指数	基于 LU 指数
1989—1991	0.0947	0.1212	0.0384
1989—1993	0.1473	0.2069	0.0767
1989—1997	0.1802	0.2499	0.1049
1989—2000	0.1963	0.2696	0.1176
1989—2004	0.2145	0.3208	0.1367
1989—2006	0.2310	0.3513	0.1532
1989—2009	0.2336	0.3519	0.1603
1989—2011	0.2376	0.3666	0.1685
1989—2015	0.2137	0.3212	0.1400
1989—2000	0.1467	0.2129	0.0692
2004—2015	0.0607	-0.0124	-0.0158

以 1989 年为分析对比的基准时期，在各考察阶段内，基于长期收入极化变动的流动性指数$M_{\bar{P}}$的值均大于 0，说明与 1989 年的收入分布相比，收入流动性缓解了低、中、高三个收入群体长期收入的三极分化程度。从时间趋势来看，基于长期收入极化变动的收入流动性表现为先增强后趋缓甚至减弱的变化趋势。具体来看，随着考察期的扩展，2006 年之前，$M_{\bar{P}}$的值总体上呈稳步增长的态势，2006—2011 年增长速度明显放缓，增幅越来越小，2015 年$M_{\bar{P}}$的值出现了下降趋势，这说明 2006 年之前的基于长期收入极化变动的收入流动性在逐渐增大，2006—2009 年的收入流动性趋于稳定，2015 年收入流动性有所下降。这也意味着由于收入流动性的存在，2006 年之前长期收入的三极分化程度在逐渐下降，2006 年以后长期收入的三极分化程度逐渐趋稳甚至开始增强，这表明近年来由于收入流动性的下降导致其缓解长期收入分化的作用有减弱的倾向。

三、基于长期极化变动的城乡收入流动性比较分析

我国城镇与农村的经济发展不平衡，城镇居民与农村居民的收入水平存在较大的差距，这种差距本身可以理解为城乡收入分配的分化，但城镇家庭和农村家庭作为两个子总体，其内部成员的收入也存在较大差异，从而表现出一定程度的收入分化，收入流动性对其长期收入三极分化的影响作用也不尽相同。表 6－13 报告了基于长期收入极化变动的城镇与农村内部收入流动性测算结果。

表 6－13 基于长期极化变动的城乡收入流动性测算结果

时期	城镇			农村		
	基于 ER	基于 EGR	基于 LU	基于 ER	基于 EGR	基于 LU
1989—1991	0.0740	0.2370	0.0394	0.0618	0.0437	－0.0023
1989—1993	0.0966	0.2847	0.0719	0.0950	0.1088	0.0159
1989—1997	0.1612	0.3949	0.1545	0.1462	0.1787	0.0634
1989—2000	0.0926	0.2100	0.0443	0.1805	0.2076	0.0936
1989—2004	0.0697	0.2339	0.0172	0.1862	0.2582	0.1025
1989—2006	－0.0197	0.0728	－0.0791	0.2152	0.3058	0.1349
1989—2009	0.0472	0.1573	－0.0018	0.2089	0.2988	0.1303
1989—2011	0.0677	0.1327	0.0182	0.2290	0.3318	0.1593
1989—2015	0.0639	0.1129	0.0062	0.1893	0.2795	0.1120

城镇家庭的测算结果显示，基于长期收入三极分化变动的收入流动性指数$M_{\bar{P}}$值在 1997 年之前呈现逐渐增大的变动趋势，1997 年之后在波动中趋于降低，尤其是到 2006 年基于 ER 极化指数与基于 LU 极化指数的流动性值都降低到 0 以下。这说明，1997 年以前收入流动性在逐渐增强，收入流动性缓解了长期收入的三极分化程度，

1997 年之后这种缓解作用在逐渐变小，到 2006 年城镇家庭的收入流动性反而加剧了长期收入的分化，2009 年基于 LU 极化指数的收入流动性也小于 0，之后虽然升至 0 以上，但总体下降趋势不变，城镇家庭长期收入的极化状况较为严峻。

相对而言，农村家庭的情况较为乐观。农村的测算结果显示，除了基于 LU 极化指数测算得到的 1989—1991 年流动性值小于 0 以外，其他阶段农村家庭的$M_{\bar{p}}$值都大于 0，这表明与基期相比，农村家庭长期收入的三极分化程度有所下降。从$M_{\bar{p}}$值的变动趋势来看，随着考察期的扩展，$M_{\bar{p}}$值呈先升后降的两阶段特征，其中 2006 年之前呈上升趋势，2006 年以后在波动中下降，基于三个极化指数的结果都是如此，这表明在 2006 年之前，收入流动性缓解农村长期收入极化的作用一直在增强，2006 年以后这种作用整体上有所减弱。

四、基于长期极化变动的地区收入流动性比较分析

基于长期极化变动的分地区收入流动性的测算结果如表 6 - 14 所示。从测算结果来看，东部、中部及西部地区各阶段的$M_{\bar{p}}$值都大于 0，说明与基期相比，相应阶段上长期收入的极化程度都有所下降，三个地区收入流动性都起到了缓解长期收入三极分化的作用。从变动趋势来看，三个地区基于长期极化变动的收入流动性有较大不同，具体来看：

表 6 - 14　基于长期极化变动的各区域收入流动性对比

时期	东部			中部			西部		
	基于 ER	基于 EGR	基于 LU	基于 ER	基于 EGR	基于 LU	基于 ER	基于 EGR	基于 LU
1989—1991	0.0897	0.1115	0.0493	0.0816	0.1126	0.0364	0.0510	0.0380	0.0306
1989—1993	0.1435	0.2088	0.0728	0.1093	0.1724	0.0428	0.1342	0.1574	0.0483

续表

时期	东部			中部			西部		
	基于ER	基于EGR	基于LU	基于ER	基于EGR	基于LU	基于ER	基于EGR	基于LU
1989—1997	0.1327	0.1734	0.0729	0.1580	0.2349	0.0825	0.1885	0.2502	0.0979
1989—2000	0.1045	0.1513	0.0486	0.1815	0.2537	0.1005	0.2475	0.3560	0.1582
1989—2004	0.1402	0.2151	0.0671	0.1599	0.2545	0.0766	0.2916	0.4631	0.2076
1989—2006	0.1527	0.2409	0.0846	0.1507	0.2155	0.0640	0.3971	0.6348	0.3269
1989—2009	0.1305	0.2351	0.0401	0.1460	0.1841	0.0625	0.3584	0.5820	0.2874
1989—2011	0.1539	0.2309	0.0618	0.1555	0.2429	0.0810	0.3692	0.5991	0.3026
1989—2015	0.1636	0.2604	0.0704	0.1111	0.1905	0.0324	0.3837	0.6131	0.3172

东部地区的测算结果显示，基于长期收入极化变动的流动性指数$M_{\tilde{p}}$值在 1993 年有一个较大幅度的提升，之后开始逐渐下降，到 2004 年又有较大幅度提升，2004 年之后表现为在波动中上升的变动特征，尤其是2009 年之后呈现出明显的上升趋势，这说明 1993—2000 年东部地区家庭收入流动性对于缓解长期收入极化的作用逐渐减小，2009 年之后收入流动性对于缓解长期收入极化的作用逐渐增大。

从中部地区的情况来看，$M_{\tilde{p}}$值以 2000 年为分界点表现出先升后降的两阶段特征。2000 年之前基于长期收入极化变动的收入流动性在逐渐增大，2000 年之后逐渐下降，这说明在 2000 年之前收入流动性对于缓解长期收入极化的作用一直在增强，2000 年之后这种作用有所减弱。

西部地区的测算结果显示，2006 年之前西部地区的流动性指数呈稳定的上升趋势，2009 年出现较大幅度下跌，之后又开始逐渐上升，说明西部地区家庭的收入流动性对长期收入三极分化的缓解效应在 2006 年之前逐年增强，2009 年这种缓解效应有所下降，之后又逐渐增强。

通过对三个地区进行对比可以发现，西部地区的$M_{\tilde{p}}$值在各阶段都是三个地区中相对最大的，说明收入流动性对于缓解西部地区家庭的长期收入三极分化的效果最为显著，而东部地区与中部地区的$M_{\tilde{p}}$值没有明显的差异。

第四节　基于社会福利水平变化的收入流动性测度方法与实证研究

收入流动性会影响社会福利水平，将收入流动性与社会福利结合使得流动性能够刻画福利的变动，这体现了收入流动性对社会福利的重要影响，更强调收入流动性作为工具的意义。本章主要探讨基于社会福利水平变化的收入流动性测度方法及中国家庭的实际测度。

一、基于社会福利水平变化的收入流动性测度方法研究

基于社会福利水平变化的角度对收入流动性进行测度关系到所发生的流动是“好”还是“坏”的，即收入流动性的提高能否增进社会福利水平。分析这一问题的一般思路是先假设一个社会福利函数，然后通过考察收入流动性对社会福利函数的作用程度来衡量流动性的大小。收入水平的提高会增进整个社会的福利水平，同时收入差距往往也是影响社会福利的一个重要因素，如果假定社会偏好具有收入不平等规避特性，其他条件相同时社会更偏好于更为均等的收入分配，则收入差距的扩大对社会福利的改善是无益的。

本书利用 Atkinson（1970）构建的福利函数来考察基于社会福利变动的收入流动性，社会福利函数可以表示为：

$$W = \frac{1}{n}\sum_{i=1}^{n} \frac{y_i^{1-\varepsilon}}{1-\varepsilon} \tag{6-13}$$

其中，W 表示社会福利水平，y_i 是第 i 个家庭的收入，n 是家庭总数，ε 是收入不平等的厌恶系数。由于社会福利与收入差距存在内在的联系，如果用 μ 表示平均家庭收入，阿特金森构建的不平等指数 I_A 为：

$$I_A = 1 - \left[\frac{1}{n}\sum_{i=1}^{n}\left(\frac{y_i}{\mu}\right)^{1-\varepsilon}\right]^{\frac{1}{1-\varepsilon}} \tag{6-14}$$

如果将社会福利函数用不平等指数表示，则阿特金森的社会福利函数可以表示为：

$$W = \frac{1}{1-\varepsilon}\left[(1-I_A)\mu\right]^{1-\varepsilon} \tag{6-15}$$

W 反映了社会福利水平与收入增长及收入差距之间的关系：在收入差距给定的条件下，收入水平的提升会增进社会福利水平；而当社会平均收入水平给定时，收入差距扩大会导致福利水平下降。

对于从 k 年到 j 年的收入分布变动，分别记平均收入水平为 μ_k、μ_j，假设 j 年所有收入个体的收入水平都相等且为 ξ_j 时，j 年的社会福利可与 k 年的社会福利持平，则 ξ_j 可以表示为：

$$\xi_j = \mu_k \frac{(1-I_A^k)}{(1-I_A^j)} \tag{6-16}$$

若 j 年实际的平均收入水平 μ_j 大于可与 k 年社会福利持平的平均收入 ξ_j，就表示从 k 年到 j 年的收入流动使得社会福利水平有所提高。如果考察从 k 年到 j 年所发生的收入流动性大小，则基于社会福利水平变化的收入流动性测度指数可以表示为：

$$M_W = \frac{\mu_j}{\xi_j} \tag{6-17}$$

该指数既体现实证分析的测度方法，又蕴含着规范分析的福利导向，从增进社会福利的角度来看，M_W 指数可以用来测度基于社会福利变化的收入流动性，M_W值越大意味着收入流动性越大。当$M_W>1$时，表示从k年到j年的收入流动使得社会福利水平有所提升，当$M_W<1$时表示收入流动使得社会福利水平发生了下降。由于收入不平等的厌恶系数往往受主观因素影响，对社会福利水平无法非常精确地测量，本书在实证分析过程中主要分析了$\varepsilon=0.5$、$\varepsilon=1.5$两个有代表性的收入不平等厌恶情形。

二、基于社会福利水平变化的中国家庭收入流动性实证分析

根据收入差距厌恶系数0.5与1.5分别测算的各阶段收入流动性指数值见表6－15。

表6－15　基于社会福利水平变化的收入流动性指数测算结果

时期	$\varepsilon=0.5$	$\varepsilon=1.5$
1989—1991	1.0089	1.0285
1991—1993	1.1412	1.1007
1993—1997	1.2779	1.2323
1997—2000	1.2236	1.1233
2000—2004	1.1950	1.2182
2004—2006	1.0944	1.0319
2006—2009	1.5731	1.3039
2009—2011	1.0998	1.2104
2011—2015	1.3722	1.1443

从表6－15的结果来看，在两个不同的不平等厌恶情形下，1989—2015年各相邻调查年份的流动性指数都大于1，说明相应时期的收入流动性都增进了社会福利。但是基于两个不平等厌恶系数的流动性指数变动趋势并不完全一致，具体来看，1989—1991年、

1991—1993 年及 1993—1997 年这三个阶段的两个收入流动性指数都在逐渐增大，此后各阶段两个指数的变动趋势不完全一致：不平等厌恶系数取值 0.5 时的流动性指数在之后的各阶段在持续降低，到 2004—2006 年降至 1.0944，随后的三个阶段流动性指数值呈 N 字形走势演变，而不平等厌恶系数取值 1.5 时的流动性指数在 1997 年之后基本上呈现降低与升高交替变化的规律。

三、基于社会福利变化的城乡收入流动性比较分析

分别对城镇与农村基于社会福利变化的收入流动性进行测算，结果如表 6-16 所示。

表 6-16　基于社会福利变化的城乡收入流动性对比

时期	城镇		农村	
	$\varepsilon=0.5$	$\varepsilon=1.5$	$\varepsilon=0.5$	$\varepsilon=1.5$
1989—1991	0.9318	0.8858	1.0273	1.0525
1991—1993	1.1622	1.0839	1.1366	1.1035
1993—1997	1.1927	0.9639	1.2974	1.2865
1997—2000	1.3291	1.3522	1.2016	1.0867
2000—2004	1.1399	1.0717	1.2076	1.2459
2004—2006	0.9768	0.7858	1.1211	1.0890
2006—2009	1.5959	1.5974	1.5684	1.2516
2009—2011	1.1887	1.4438	1.0819	1.1726
2011—2015	1.3607	1.2211	1.3746	1.1319

城镇的测算结果显示，在 1989—1991 年及 2004—2006 年的收入流动性指数小于 1，基于两个不平等厌恶系数的测算结果都是如此，这表示这两个阶段上的收入流动性使得社会福利水平降低，2006—2009 年的收入流动性对社会福利的提升效应相对最大，

1997—2000 年的提升效应也相对较大；农村的情况要稍好于城镇，各阶段基于两个不平等厌恶系数的收入流动性指数值都大于 1，这说明在相应的考察期内农村的收入流动性均能增进社会福利水平，尤其是 2006—2009 年的收入流动性对社会福利水平的提升效应最大。

四、基于社会福利变化的地区收入流动性比较分析

分别对东、中、西部地区基于社会福利变化的收入流动性进行测算，结果如表 6－17 所示。分地区的测算结果显示，基于社会福利变化的收入流动性存在地区性差异，在相同时间段上三个地区的收入流动性不仅强弱有别，变动趋势也不完全一致。

表 6－17　基于社会福利变化的区域收入流动性对比

时期	东部		中部		西部	
	$\varepsilon=0.5$	$\varepsilon=1.5$	$\varepsilon=0.5$	$\varepsilon=1.5$	$\varepsilon=0.5$	$\varepsilon=1.5$
1989—1991	0.9517	0.9600	1.1080	1.1410	0.9259	0.9475
1991—1993	1.2092	1.2127	1.0156	0.9157	1.2846	1.3309
1993—1997	1.3120	1.3015	1.3185	1.3371	1.1936	1.0928
1997—2000	1.3554	1.4284	1.0908	0.9331	1.3034	1.2986
2000—2004	1.2570	1.2140	1.2644	1.3727	1.0505	1.0027
2004—2006	0.9839	1.0488	1.1176	1.0062	1.1805	1.1085
2006—2009	1.6755	1.6516	1.5382	1.3437	1.5272	1.1204
2009—2011	1.0330	1.1302	1.1451	1.2080	1.1036	1.5131
2011—2015	1.3304	1.5374	1.5028	1.2510	1.2316	0.9891

东部地区的测算结果显示，1989—1991 年基于社会福利水平变化的收入流动性指数值小于 1，基于两个不平等厌恶系数的结果都是如此，不平等厌恶系数取 0.5 时 2004—2006 年的流动性指数也小于 1，表示在此期间社会福利水平有所下降，其他各阶段的指数值都大

于1，意味着相应阶段上的社会福利水平是在提升的，从变动趋势上来看，2000年之前的收入流动性指数值一直在增大，2000年之后波动较大，其中2006—2009年的流动性指数值最大，意味着在2006—2009年的收入流动性对社会福利的提升效应最大。

中部地区的测算结果显示，在不平等厌恶系数取1.5时的1991—1993年与1997—2000年两个阶段上的收入流动性指数小于1，其他各阶段及不平等厌恶系数取0.5时的流动性指数都大于1，这意味着当收入不平等的厌恶系数较高时，收入差距的增大会使社会福利水平下降。从收入流动性指数的变动趋势来看，中部地区家庭的收入流动性在1989—2015年的各阶段整体上呈现出下降与上升交替出现的态势，这反映出中部地区的收入流动性对社会福利提升作用的大小并不稳定。

西部地区的测算结果显示，1989—1991年的流动性指数值小于1，基于两个不平等厌恶系数的结果都是如此，表明在此期间的社会福利水平有所下降，当不平等厌恶系数提高至1.5时，2011—2015年的收入流动性指数也小于1，这反映出收入不平等厌恶系数越高，社会福利对收入不平等的变动越敏感。从西部地区收入流动性指数的变动趋势来看，1989—1991年至1997—2000年的四个阶段中，基于社会福利变化的收入流动性基本上呈“N”字形走势，之后的三个阶段中收入流动性逐渐增大，2009年之后的波动幅度较大。

第七章

中国家庭收入流动性的影响因素探究

第六章的测算结果表明，收入流动性对于缓解长期收入分配失衡及增进社会福利水平具有积极的作用，从而对提高我国家庭的收入流动性具有重要的现实意义。那么，在收入流动的过程中，哪些家庭，凭什么在向上流动？哪些家庭在向下流动？如果收入流动与人力资本没有关系，或者以非正常劳动收入为主的群体都在向上流动，这样的流动性显然不是社会所期望的。只有对收入流动背后的原因作进一步考察，从实证上发现收入流动性的影响因素，才有助于找出促进合理的收入流动进而提升收入流动质量的关键所在。本章在第四章及第五章的测算结果基础上，基于 CHNS 样本数据采用多层多项 Logit 模型，从社区和家庭两个层次上考察社区特征和家庭特征对家庭收入流动性的影响，以期为政府选择促进收入流动兼顾流动性质量的收入分配政策提供新的参考视角和决策依据。

第一节　模型的选择与变量说明

一、多层多项 Logit 模型

多层多项 Logit 模型是为了分析分层结构数据而发展起来的，分层数据在社会研究中非常普遍，比如个人嵌套于家庭、家庭嵌套于社区等，这种模型适宜对广泛存在的多层数据进行恰当的、深入的分析和解释。当反应变量具有三个或更多类别的多层嵌套结构时，可以使用多层多项 Logit 模型来分析，其基本原理是在模型的第一层定义一个多项 Logit 转换函数对多项变量进行分析。

（一）零模型

多层多项 Logit 零模型（null model）是指各层模型均没有解释

变量，由于模型中没有加入任何解释变量，一般称为零模型或空模型。零模型的建立主要用于检验模型第二层不同单位间的差异是否显著，这是进行多层分析的基础。如果第二层组间存在显著差异，此时用传统单层回归模型分析是不恰当的，应当考虑使用多层模型。以两层 M 项 Logit 模型为例，其零模型的表达式为：

第一层：$log\left(\frac{P(y=m)}{P(y=M)}\right)=\beta_{0(m)}$ (7-1)

第二层：$\beta_{0(m)}=\gamma_{0(m)}+\mu_{0(m)}, m=1,\cdots,M-1$ (7-2)

其中，$\frac{P(y=m)}{P(y=M)}$为第 m 类相对于类别 M 的概率发生比，$\beta_{0(m)}$为第一层截距，$\gamma_{0(m)}$为第一层截距在第二层上的固定效应，$\mu_{0(m)}$为第二层的随机效应。

建立多层模型的必要性检验一般通过计算零模型中多层数据的组内相关系数（ICC）来进行，ICC 是组间异质或组内同质的指示性指标，代表了总变异中的组水平变异的比例。组内相关系数的计算公式为：

$$ICC=\frac{\widehat{\sigma}_{u0}^2}{\widehat{\sigma}_{u0}^2+\widehat{\sigma}^2} \quad (7-3)$$

其中，$\widehat{\sigma}_{u0}^2$为组间方差，$\widehat{\sigma}^2$为第一层模型的残差方差。由于 Logit 回归模型的残差方差为$\frac{\pi^2}{3}$，因此，多层多项 Logit 回归模型的 ICC 为：

$$ICC=\frac{\widehat{\sigma}_{u0}^2}{\widehat{\sigma}_{u0}^2+\frac{\pi^2}{3}} \quad (7-4)$$

在确定了数据存在显著性组内相关后，才有必要继续多层模型的建模，否则常规的单层回归就能满足分析需要。

（二）跨层交互作用的 Logit 模型

定义第 M 类为参照类，则模型第一层可用下式表示：

$$log\left(\frac{P(y=m)}{P(y=M)}\right)=\eta_m=\beta_{0m}+\sum_{k=1}^{k}\beta_{km}X_{km} \quad (7-5)$$

其中，$m=1$，…，$M-1$ 表示因变量的类别，$P(y=m)$ 表示第 m 类发生的概率，η_m 是多层多项 Logit 模型第一层的因变量，代表第 m 类相对于类别 M 的对数概率发生比。多层多项 Logit 模型是多层二分类变量 Logit 模型的扩展，需要同时估计 $M-1$ 个 Logit 模型，是各非参照类与参照类之间进行不重复的反应发生比的比较，因而有 $M-1$ 组参数估计输出。如果需要在非参照类之间进行比较，则将相应的类函数相减即可得到这两类反应发生比的差异。

当因变量是有三个类别的定类变量时，其多层多项模型的第一层有两个 Logit，分别是：

$$log\left(\frac{P(y=1)}{P(y=3)}\right)=\eta_1=\beta_{01}+\sum_{k=1}^{k}\beta_{k1}X_{k1} \tag{7-6}$$

$$log\left(\frac{P(y=2)}{P(y=3)}\right)=\eta_2=\beta_{02}+\sum_{k=1}^{k}\beta_{k2}X_{k2} \tag{7-7}$$

其中，反应变量的最后一个类别，即类别 3 被处理为参照类，两个模型由各自的 Logit 同时估计，分别比较了类别 1 与类别 3 及类别 2 与类别 3 的概率发生比，如果要比较类别 1 与类别 2 的概率发生比，只需用 $\eta_1-\eta_2$ 即可得到其发生比的差异。相应三个类别的发生概率为：

$$P(y=1)=\frac{exp(\eta_1)}{1+\sum_{m=1}^{M}exp(\eta_m)} \tag{7-8}$$

$$P(y=2)=\frac{exp(\eta_2)}{1+\sum_{m=1}^{M}exp(\eta_m)} \tag{7-9}$$

$$P(y=3)=\frac{exp(\eta_3)}{1+\sum_{m=1}^{M}exp(\eta_m)} \tag{7-10}$$

跨层交互作用的 Logit 模型将第一层的随机系数设定为相应第二层模型中解释变量的函数，即第二层的表达式为：

$$\beta_{0m}=\gamma_{0m}+\sum_{s=1}^{S}\gamma_{1ms}z_{0ms}+\mu_{0(m)} \tag{7-11}$$

$$\beta_{km} = \delta_{km} + \sum_{s=1}^{S} \delta_{kms} z_{0ms} + \mu_{k(m)}, m = 1,2,3 \tag{7-12}$$

其中，第一层模型中的随机截距β_{0m}和随机斜率β_{km}均被处理为第二层解释变量 Z 的线性函数。其组合模型表达式为：

$$\log\left(\frac{P(y = m)}{P(y = M)}\right) = \gamma_{0m} + \sum_{s=1}^{S} \gamma_{1ms} Z_{0ms} + \sum_{k=1}^{K} \delta_{km} X_{km} + \sum_{k=1}^{K} \sum_{s=1}^{S} \delta_{km} Z_{0ms} X_{km} + \left(\mu_{0(m)} + \sum_{k=1}^{K} \mu_{k(m)} X_{km}\right) \tag{7-13}$$

其中，$\left(\gamma_{0m} + \sum_{s=1}^{S} \gamma_{1ms} Z_{0ms} + \sum_{k=1}^{K} \delta_{km} X_{km} + \sum_{k=1}^{K} \sum_{s=1}^{S} \delta_{km} Z_{0ms} X_{km}\right)$ 和 $\left(\mu_{0(m)} + \sum_{k=1}^{K} \mu_{k(m)} X_{km}\right)$ 分别是模型的固定成分与随机成分。

多层多项 Logit 模型的假设检验包括固定效应的检验和随机效应的检验两部分，固定效应通常采用单变量 t 检验，随机效应采用单变量χ^2检验或似然比检验。

二、变量及说明

（一）被解释变量：收入流动的方向

模型的被解释变量设定为家庭收入流动的方向。为了定义收入流动方向，本书综合考虑了相对收入流动与绝对收入流动两种视角，从收入位次变动、收入份额变动、收入水平变动三种流动性含义来界定家庭收入流动的方向。若用$rank_{i,1}$表示第 i 个家庭报告期的收入位次、$rank_{i,0}$表示第 i 个家庭基期的收入位次，$s_{i,1}$表示报告期的收入份额、$s_{i,0}$表示基期的收入份额，$y_{i,1}$表示报告期的收入水平、$y_{i,0}$表示基期的收入水平。

在两个时期内，如果家庭人均收入在收入分布由低到高的排序中，末期的位次高于基期，同时末期的收入份额高于基期收入份额，且该家庭末期的人均收入水平高于基期，即如果报告期某个家庭人均位次、份额及收入水平均高于基期，则定义该家庭的收入经历了向上方向的流动，收入向上流动的方向记为 M =1。向上流动的情形对应的数学表达式为：

$$rank_{i,1} > rank_{i,0}\text{且}s_{i,1} > s_{i,0}\text{且}y_{i,1} > y_{i,0} \tag{7-14}$$

如果家庭人均收入在收入分布由低到高的排序中，末期的位次低于基期，同时该家庭末期的收入份额低于基期收入份额，且该家庭末期的人均收入水平低于基期，即报告期人均收入位次、份额和收入水平均低于基期，则定义该家庭的收入经历了向下方向的流动，收入向下流动的方向记为 M = -1，具体表示为：

$$rank_{i,1} < rank_{i,0}\text{且}s_{i,1} < s_{i,0}\text{且}y_{i,1} < y_{i,0} \tag{7-15}$$

其他的情况定义为不流动，收入流动的方向记为 M =3，具体如表 7 -1 所示。

表 7 -1　被解释变量

收入流动方向	向上流动：$rank_{i,1} > rank_{i,0}$且$s_{i,1} > s_{i,0}$且$y_{i,1} > y_{i,0}$
	向下流动：$rank_{i,1} < rank_{i,0}$且$s_{i,1} < s_{i,0}$且$y_{i,1} < y_{i,0}$
	不流动：其他情形（参照组）

表 7 -2　各阶段收入流动方向的贡献　（%）

阶段	1989—1997	1997—2006	2006—2015
向上流动	45.1	45.2	47.3
向下流动	15.2	32.4	25.8
不流动	39.7	22.4	26.9

表 7 -2 列示了我国家庭人均收入各阶段的流动方向贡献情况。1989—1997 年向上流动的家庭占全部样本的 45.1%，向下流动的占 15.2%，不流动的占 39.7%；1997—2006 年，向下流动的比例提高到 32.4%，而不流动的比例下降到 22.4%；2006—2015 年，向下流动的比例下降到 25.8%，而不流动的比例又升至 26.9%。

家庭收入在一定时间内是向上流动还是向下流动，受到一系列因素的影响，这些因素既包括家庭层面的特征，也包括所在社区特征，分别设定为模型中层级一的解释变量、层级二的解释变量，本书利用多层多项 Logit 模型，从家庭和社区两个层面上分析收入流动性的影响因素。

（二）层级一解释变量：家庭层面特征

层级一解释变量即第一层模型中的解释变量，主要反映家庭层面的特征。具体来说，包括反映家庭收入特征、家庭特征及户主特征的变量（见表 7-3）。

表 7-3　　层级一解释变量

一级指标	二级指标
家庭收入特征	期初收入所在组（五等分组，虚拟变量，以最低收入组为参照组）
	商业性收入比重变动
	农业性收入比重变动
	转移性收入比重变动
	工资性收入比重变动
家庭特征	城乡（城镇、农村，虚拟变量，以农村为参照组）
	基期家庭人口数
	家庭人口数变动
户主特征	年龄
	性别（虚拟变量，以女性为参照组）
	学历（低学历、中等学历、高学历，虚拟变量，以低学历为参照组）
	工作单位性质（国有单位、非国有单位，虚拟变量，以非国有为参照组）

收入特征主要包括家庭所在收入组和家庭收入结构变动。收入组包括低收入组、次低收入组、中等收入组、较高收入组和高收入组五个等分组，以低收入组为参照组，用虚拟变量刻画；家庭收入结构变动指商业性收入、农业性收入、转移性收入和工资性收入这四种收入来源在家庭总收入中的贡献变动。家庭特征包括城乡属性

和家庭规模特征，城乡属性用以农村为参照组的虚拟变量表示，反映家庭规模状况的变量选取了基期家庭人口数和期间人口变动值。户主特征包括户主的年龄、性别、学历及工作单位性质，其中年龄为数值型变量，性别为虚拟变量（女性为参照组）；户主的受教育程度被划分为低学历（初中及以下）、中等学历（高中、中专及技校）和高学历（大专及以上）三个类别，以低学历为参照组；工作单位性质为虚拟变量，以非国有单位为参照组。

（三）层级二解释变量：社区层面特征

层级二解释变量是指反映家庭所在社区的特征变量，包括社区城市化水平与社区城市化进程两个方面（见表7－4）。

表7－4　　　　层级二解释变量

一级指标	二级指标
社区城市化水平	基期社区的城市化指数
社区城市化进程	报告期与基期城市化指数之差

CHNS公布了综合反映各社区多维特征的历年社区城市化指数（Urbanization Index），该指数是依据社区人口密度、经济活动水平、传统市场与现代市场的发展情况、交通设施与通信设施、住房条件与卫生条件、教育与医疗、收入水平差异与社区服务保障情况等十二个维度的信息计算得出，综合衡量了各社区的城市化水平。具体来说，十二个维度中，各维度的得分介于0—10之间，得分越高，说明社区在该维度的发展状况越好，通过对十二个维度的得分进行综合得出社区城市化程度的分值，用于综合衡量各社区的城市化水平，称为城市化指数。社区城市化水平主要反映了一个社区社会资源禀赋的丰富程度，本书用期初社区的城市化指数来衡量。社区城市化变动是报告期与基期城市化水平之差，用来反映一个社区城市化进展的程度。

第二节 基于多层多项 Logit 模型的收入流动性影响因素

不同社区的收入流动性是否有显著差异？如果有，这些差异是否可以用社区的城市化水平和城市化进程去解释呢？社区的城市化水平和城市化进程是否会通过家庭层面的特征进一步作用于收入流动性？为了回答这些问题，我们需要通过建立多层模型进行分析。

一、多层模型的必要性检验

首先我们使用多层多项 Logit 零模型（null model）来检验建立多层模型的必要性。具体模型为：

$$\text{第一层：}\log\left(\frac{P(M=m)}{P(M=3)}\right)=\beta_{0(m)} \tag{7-16}$$

$$\text{第二层：}\beta_{0(m)}=\gamma_{0(m)}+\mu_{0(m)},m=-1,1 \tag{7-17}$$

其中，$\frac{P(M=m)}{P(M=3)}$为向上流动或向下流动与相对不流动的概率发生比，$\beta_{0(m)}$为第一层截距，$\gamma_{0(m)}$为第一层截距在第二层上的固定效应，$\mu_{0(m)}$为第二层的随机效应。通过计算该模型的 ICC（组内相关系数）来检验方差成分在两个层级的分布，进而判断第二层不同单位间的变异是否显著。如果显著，说明收入流动方向存在一定程度的社区间异质性，此时要用多层模型进行分析。

由于 ICC 代表了总变异中组水平变异的比例，以 1989—1997 年为例，ICC = 0.054 表示社区的不同造成了家庭收入向下流动与不流动的概率发生比差异，而这部分差异占到了整体差异的 5.4%。从

表 7 - 5中可以看出，各阶段的 ICC 都通过了显著性检验，说明此时用一般回归分析是不恰当的，应考虑使用多层模型。

表 7 - 5　　各阶段的 ICC 检验

阶段	1989—1997		1997—2006		2006—2015		1989—2015	
相对流动方向	向下流动	向上流动	向下流动	向上流动	向下流动	向上流动	向下流动	向上流动
ICC	0.054**	0.085***	0.039***	0.061***	0.175***	0.136***	0.016*	0.118***

注：*** 表示在 1% 的水平上显著，** 表示在 5% 的水平上显著，* 表示在 10% 的水平上显著。

二、模型估计的结果分析

模型的被解释变量为家庭收入流动的方向。如果报告期某个家庭人均收入水平、位次和份额均高于基期，则该家庭被定义为收入向上流动；如果报告期人均收入水平、位次和份额均低于基期，将该家庭被定义为收入向下流动；其他情况定义为相对不流动，基准组为相对不流动。本书建立了一个跨层交互作用的 Logit 模型，在两个层次上都加入自变量。

第一层模型为：

$$log\left(\frac{P(M=m)}{P(M=3)}\right)=\beta_{0m}+\beta_{1m}x_{1m}+\beta_{2m}x_{2m}+\beta_{3m}x_{3m} \tag{7-18}$$

第二层模型为：

$$\beta_{0m}=\gamma_{0m}+\gamma_{1m}z_{0m}+\mu_{0(m)} \tag{7-19}$$

$$\beta_{im}=\delta_{im}+\delta_{im}z_{0m},i=1,2,3 \tag{7-20}$$

其中 x_{1m} 表示家庭收入特征变量，x_{2m} 表示家庭特征变量，x_{3m} 表示户主特征变量，z_{0m} 表示社区特征变量；β_{0m} 为随机效应截距，β_{1m}、β_{2m} 和β_{3m} 为固定效应斜率。

最终模型的稳健估计结果如表 7 - 6 所示，从中可以得到以下几点结论：

表 7-6 收入流动性影响因素的多层多项 Logit 模型估计结果

阶段		1989—1997 年		1997—2006 年		2006—2015 年		1989—2015 年	
相对流动方向		向下流动	向上流动	向下流动	向上流动	向下流动	向上流动	向下流动	向上流动
社区平均城市化水平	截距	-0.313***	0.925***	-0.229**	0.271***	-0.675***	0.337***	-2.550	0.311***
	Bindex	-0.014**	0.014**	-0.020***	0.023***	-0.020**	0.009**	-0.044	0.010
次低收入组	截距	0.081	-1.349***	0.652**	-0.957***	0.062	-0.864***	0.223	-1.664***
中等收入组	截距	0.507*	-2.010***	1.169***	-1.400***	0.493*	-1.187***	0.744	-2.067***
较高收入组	截距	0.839***	-2.575***	1.264***	-1.935***	0.360	-1.922***	1.179**	-2.706***
最高收入组	截距	1.274***	-3.424***	1.906***	-2.829***	1.021***	-2.910***	1.019**	-4.148***
商业性收入比重变动	截距	-1.659***	1.137***	-1.182***	0.938***	-1.989***	0.792**	-3.520***	2.004***
	Bindex	0.024	-0.017	-0.014	-0.018	-0.005	-0.005	0.024	-0.026
	Cindex	0.055	-0.013	-0.004	0.035	0.075**	0.032	0.021	0.047
农业性收入比重变动	截距	-1.112***	-0.118	-0.346	0.260	-0.984**	0.120	-2.887***	0.714*
	Bindex	0.007	-0.001	-0.023	0.014	-0.003	-0.011	-0.029	-0.064**
	Cindex	0.016	0.018	-0.030	0.015	0.083**	0.034	-0.008	0.002
转移性收入比重变动	截距	-1.360**	0.175	-1.290***	0.577	-1.649***	0.115	-4.463***	1.267**
	Bindex	0.033	0.042	-0.002	-0.016	-0.003	-0.027	0.040	-0.086**
	Cindex	0.097*	0.008	-0.001	0.013	0.056*	-0.001	0.037	0.015
工资性收入比重变动	截距	-1.573***	1.170***	-1.460***	0.909***	-1.868***	0.803***	-3.624***	1.513***
	Bindex	-0.016	-0.005	-0.014	-0.017	-0.019	-0.025*	-0.058**	-0.062**
	Cindex	0.017	-0.004	-0.026	0.026	0.054*	0.038	0.016	0.043

续表

阶段		1989—1997 年		1997—2006 年		2006—2015 年		1989—2015 年	
相对流动方向		向下流动	向上流动	向下流动	向上流动	向下流动	向上流动	向下流动	向上流动
城乡（城 =1）	截距	-0.024	-0.647**	-0.065*	-0.121	-0.063**	0.203	0.112	0.250
基期家庭人口数	截距	-0.018	-0.103*	0.096**	-0.101**	0.154***	-0.089**	0.110	-0.230***
	Cindex	0.012**	0.010**	0.001	-0.002	-0.007*	0.001	-0.018**	0.009
家庭人口数变动	截距	0.141**	-0.241***	0.218***	-0.273***	0.223***	-0.274***	0.253***	-0.229***
年龄	截距	0.010*	-0.009	0.008*	-0.019***	0.011*	-0.014**	0.033***	-0.024***
性别（男 =1）	截距	0.272	0.002	0.228	-0.134	0.154	0.366**	0.060	0.108
中等学历	截距	-0.353*	0.034	-0.003	0.313**	-0.234	0.157	-0.156	0.372*
高学历	截距	-0.631	0.821**	-0.752	0.727**	-0.484	0.187	-26.963	1.310*
单位性质（国有 =1）	截距	-0.250	0.269	-0.773***	0.206	-0.401	0.021	-0.262	0.708***
随机效应：方差成分		0.221	0.259	0.133	0.317	0.451	0.241	0.098	0.591
自由度		154	154	183	183	204	204	155	155
卡方值		198.672	207.634	202.081	280.081	278.300	264.688	137.297	246.812
P 值		0.009	0.003	0.009	0.000	0.001	0.003	>0.500	0.000

注：Bindex 代表期初的城市化指数，Cindex 表示城市化指数的变动量。*** 表示在 1% 的水平上显著，** 表示在 5% 的水平上显著，* 表示在 10% 的水平上显著。

首先，社区城市化进程对收入流动性有显著影响。从向上流动相对于不流动模型中城市化指数变动的系数看，三个阶段分别为0.014、0.023和0.009，三个系数均通过了5%的显著性检验，说明社区城市化水平越高，越有助于推动社区内的家庭收入向上流动，进而社区内家庭收入向上流动的机会越多。类似地，从向下流动模型中城市化水平的系数看，三个阶段的系数显著为负值，表明更高的社区城市化水平有利于抑制社区内的家庭收入向下流动。此外，从表7-6最后的随机效应可以看出，三个阶段截距的随机效应显著，表明收入流动性不同方向的概率发生比存在着显著的社区间差异，意味着不同特征社区的收入流动性存在差异。

其次，从收入特征来看，期初家庭人均收入所在的组和不同收入来源对收入流动均产生显著影响。相对于低收入组而言，其他收入组相应向上流动的系数均显著小于0，这表明在其他变量保持不变的条件下，这些收入组向上流动比较困难；与此同时，向下流动的系数均大于0，说明这些收入组比较容易向下流动。值得注意的是，期初处于中等收入组的家庭，其向上流动与不流动的概率发生比逐渐增大，这表明中间20%家庭的收入向上流动机会在增大，这应该是一个好现象。三个阶段商业性收入比重和工资性收入比重的上升均能促进收入向上流动、抑制收入向下流动，表明这两个收入来源是提升收入向上流动的重要抓手。此外，1989—1997年、2006—2015年及1989—2015年农业性收入比重的上升能够阻碍收入向下流动，但是2006—2015年社区的城市化进程越快、1989—2015年社区的城市化水平越高，农业性收入比重的增加一定程度上反而促进收入向下流动、阻碍收入向上流动，不过上述特征在其他阶段并不显著。转移性收入比重的增加在三个阶段都能降低收入向下流动的可能性，但是1989—2015年社区的城市化水平越高，转移性收入比重的增加一定程度上会阻碍家庭收入的向上流动。

再次，从家庭特征来看，城乡、家庭人口数和社区城市化进程都对收入流动产生一定影响。相对于农村家庭，1989—1997 年城市家庭收入向上流动的系数显著为负，2006—2015 年向下流动的系数显著为负，说明 1989—1997 年城市家庭收入向上流动的机会更少，2006—2015 年城市家庭收入向下流动的可能性更小。对于家庭规模，若每个阶段的期初家庭人口越多，期末人口增长得越多，则收入向上流动的机会越小，向下流动的可能性越大。

最后，户主的年龄、性别、学历和工作单位性质等特征对收入流动也有一定影响。在其他变量不变的条件下，户主年龄越大，家庭收入向上流动的机会越小，向下流动的可能性越大。男性户主在 2006—2015 年有利于家庭收入的向上流动，其他两个阶段的影响并不显著。相对于低学历而言，中等学历户主家庭与高学历户主家庭收入向上流动的机会较大。就户主的工作单位性质而言，虽然国有单位工作的户主 1997—2006 年向下流动的可能性较小，1989—2015 年家庭收入向上流动的概率较大，但是其他阶段的影响并不显著，说明工作单位性质的影响逐渐减弱。要说明的是，我们尝试加入了户主的婚姻状况变量及年龄平方项，但是其在各阶段都没有通过显著性检验，同时也没有发现社区特征通过作用于户主特征进而影响家庭收入流动性的证据。

三、模型的稳健性检验

为了检验多层多项 Logit 模型估计结果的可靠性与稳健性，本书还对无序多分类 Logistic 模型进行了估计，结果见表 7 - 7。

对比表 7 - 6 与表 7 - 7 可以发现，两种方法估计得到的回归系数的正负及显著性基本一致，表明模型估计结果具有一定的稳健性。同时我们还发现，无序多分类 Logistic 模型的参数标准误的估计值都比多层多项 Logit 模型相同参数的标准误估计值要小得多，这正是采用单层模型忽略了相同社区家庭的同质性造成的后果，由于嵌

表 7-7　无序多分类 Logistic 模型估计结果

阶段	1989—1997 年		1997—2006 年		2006—2015 年		1989—2015 年	
相对流动方向	向下流动	向上流动	向下流动	向上流动	向下流动	向上流动	向下流动	向上流动
截距	0.873	-5.803***	2.625***	-3.289***	-0.107	-3.869***	-14.028***	-4.991***
Bindex	-0.010	0.015**	-0.018***	0.019***	-0.019***	0.006	-0.036***	0.009
Cindex	-0.002	0.022***	-0.005	0.009*	-0.012	-0.006	-0.009	0.008
次低收入组	0.126	-1.309***	0.660***	-0.894***	0.016	-0.873***	0.249	-1.560***
中等收入组	0.405	-1.940***	1.150***	-1.302***	0.446*	-1.146***	0.756	-2.014***
较高收入组	0.679**	-2.427***	1.183***	-1.785***	0.269	-1.807***	1.155**	-2.589***
最高收入组	1.051***	-3.216***	1.792***	-2.586***	0.885***	-2.756***	1.033	-3.942***
商业性收入比重变动	-1.418***	1.091***	-1.087***	0.854**	-1.801***	0.673**	-3.289***	1.684***
农业性收入比重变动	-1.076***	-0.120	-0.143	-0.006	-0.919***	-0.030	-2.724***	0.728*
转移性收入比重变动	-0.801**	0.659**	-1.089***	0.525**	-1.419***	0.032	-3.635***	1.001**
工资性收入比重变动	-1.581***	1.106***	-1.393***	0.805***	-1.715***	0.642***	-3.306***	1.433***

续表

阶段	1989—1997 年		1997—2006 年		2006—2015 年		1989—2015 年	
相对流动方向	向下流动	向上流动	向下流动	向上流动	向下流动	向上流动	向下流动	向上流动
城乡（城=1）	-03003	-0.600***	-1.111	-0.103	-0.067	0.176	0.209	0.222
基期家庭人口数	-0.019	-0.111**	0.117**	-0.140***	0.164***	-0.096**	0.167**	-0.257***
家庭人口数变动	0.131**	-0.251***	0.221***	-0.270***	0.233***	-0.274***	0.236***	-0.231***
年龄	0.010*	-0.009	0.006	-0.018**	0.009	-0.013**	0.034***	-0.022**
性别（男=1）	0.273	0.078	0.184	-0.054	0.179	0.359**	0.184	0.125
中等学历	-0.337*	0.012	-0.067	0.421**	-0.243	-0.124	-0.113	0.441**
高学历	-0.734	0.908**	-0.825	0.978**	-0.582	0.187	14.501	-1.034
单位性质（国有=1）	-0.341**	0.216	-0.810***	0.245	-0.445*	0.134	-0.246	0.758***
伪 R^2	0.181		0.175		0.155		0.217	
Chi-Square	841.343		916.201		654.559		529.386	

注：Bindex 代表期初的城市化指数，Cindex 表示城市化指数的变动量。*** 表示在 1% 的水平上显著，** 表示在 5% 的水平上显著，* 表示在 10% 的水平上显著。

套数据违背了无序多分类 Logistic 模型要求数据独立性的假设，简单使用单层模型会低估参数估计的标准误，增大犯第一类错误的概率，故在估计家庭收入流动性影响因素时应采用多层多项 Logit 模型。

需要指出的是，收入流动性是由于种种原因造成的收入变动，其他未观察到的、不可量化的因素可能也会作用于它，比如不同地区的政策变量或机制性障碍等。鉴于数据的可得性，本书仅选取有限的若干指标进行了分析，其他因素是否对家庭收入流动性有显著影响，将留待获得覆盖面更广的调查数据后继续研究。

第八章

结论、政策建议及研究展望

第一节 本书的主要结论

由于收入流动性内涵的多维属性，不同的内涵对应着流动性的不同方面。相对收入流动性侧重于考察家庭收入的非时间依赖程度或者家庭收入的位置及份额变动程度，而绝对收入流动性更关注于收入水平的变动，基于长期收入失衡及福利变化的收入流动性则主要刻画的是收入流动性导致的长期不平等、贫困、极化与社会福利的变化。相对收入流动性、绝对收入流动性与基于长期收入失衡及福利变化的收入流动性反映的内容各有侧重，只有从收入流动性的不同维度分别进行测算和分析，才能对收入流动性有一个较为全面的揭示。本书的重心在于从多个维度对中国家庭的收入流动性进行研究，揭示收入流动性的变动规律，在此基础上进一步分析了收入向上或向下流动的基本动因。本书属于理论与实证相结合的经验验证分析，各章节的结论都是基于经验数据得出的。主要结论如下：

一、相对收入流动性呈下降态势，不利于“橄榄形”收入分配结构的形成

基于非时间依赖、收入位置变动及收入份额变动的收入流动性指标的测算结果都表明，CHNS 样本相邻调查年份间的流动性呈现出以 2004 年为拐点的先升后降变动趋势，2004 年之前的流动性由弱转强，而 2004 年之后再由强趋弱。CFPS 样本的测算结果显示，2010 年之后相对流动性出现了明显的下降趋势。当把测算的时间间隔拉长时，相对流动性下降的趋势尤为明显，CHIPS 样本的相对流

动性测算结果也表现出逐渐下降的趋势。从相对流动的方向来看，全国层面上的相对流动性比率值在各阶段大都小于1，说明在收入流动过程中流动到更低收入等级的家庭更多一些，整体上收入流动是相对向下流动的；而有方向的份额流动性指数则显示，收入份额流动性整体上是有利于低收入家庭的。

值得警惕的是，基于不同样本的分析结论都表明我国家庭的相对收入流动性在下降，相对收入流动性的降低意味着不同收入阶层的固化在加强。测算结果显示，人均收入最低的20%的家庭上升到更高收入阶层的机会越来越小，而人均收入最高的20%的家庭其高收入地位越来越稳固，与此同时，中间收入组的家庭向下流动到更低收入阶层的可能性在逐渐变大，而其向上流动到更高收入阶层变得越来越艰难。这说明，收入流动性的下降对不同收入等级的影响是不均衡的，相对而言，收入底层群体的上升通道越来越窄，顶层收入群体成为最大的受益者，他们的经济地位得到持续巩固，中间收入阶层的上升空间受到了大幅挤压。也就是说，受到流动性下降影响最大的是中低收入阶层，当前的收入流动性质量不容乐观，收入流动性正在推动着“葫芦形”收入分配格局的形成，不利于实现理想的“橄榄形”收入分配结构。

从实际情况来看，我国静态视角收入不平等程度的扩大与动态视角相对收入流动性的降低是同步出现的，这一结论令人沮丧。如果这种态势持续下去的话，社会收入分层结构将逐渐趋于固化，特别是底层居民改善自身收入地位的机会必将日益稀少，进而给经济发展造成一定的压力。考虑到中国典型的城乡二元经济结构及东中西部区域经济发展不平衡所带来的城乡及不同区域经济社会发展的巨大差异，可以判定，相对收入流动性降低所体现的机会不均等将成为影响中国未来贫富差距的重要因素，而且这一因素还具有进一步强化收入阶层与其成员之间建立长期固定联系的作用，即呈现“阶层锁定”的特征，并有很大的可能性将这种收入阶层的固化传递到下一代。从这个角度来看，相对收入流动性的降低在一定程度上比收入差距的扩大对社会的影响还要大，因为如果相对收入流动性降低，很多穷人是看不到希望的，他们不仅看不到五年以后上升到更高收入阶层的希望，甚至看不到下一代的希望。

二、城乡、区域之间的相对流动性有显著差别，西部地区流动性最强

城乡两个层面上的相对流动性对比分析结果显示，城镇家庭与农村家庭的相对收入流动性有显著差异。具体表现在，农村家庭的非时间依赖视角及位置变动视角的流动性都高于城镇家庭。从收入流动性质量来看，城镇总体上保持着向上流动的态势，农村的流动性质量在1997—2006年有所下降；从收入份额流动性视角来看，CHNS样本的测算结果表明，城镇和农村的收入份额流动性都在逐渐上升，但城镇家庭的收入份额流动性明显高于农村家庭，而基于CFPS样本的测算结果显示，2010年以后城镇家庭与农村家庭的有方向的份额流动性指数都在下降，且农村家庭的下降趋势更为明显。

对东、中、西部三个地区的家庭收入流动性进行对比发现，不同区域间的相对收入流动性也显著不同。就非时间依赖视角的收入流动性而言，西部地区最强，东部地区最弱，2010—2016年三个地区的流动性都在显著趋弱；从收入位置变动视角来看，东部地区的位置流动性最小且其收入位置固化程度越来越高；从收入份额变动视角来看，CHNS样本的测算结果显示，东部地区的家庭收入份额逐渐趋于稳定且低收入家庭的状况有所恶化，西部地区2006年以后有趋好的进展，中部地区的有方向的收入份额流动性最弱。而CFPS样本的测算表明，2010年之后，西部地区有方向的份额流动性指数最大，东部地区最小，这说明从短期收入份额变动情况来

看，西部地区家庭的收入份额变动更有利于低收入家庭的收入份额的改善。

三、绝对收入流动性整体上呈上升趋势，农村高于城镇

全国层面上的分析显示，绝对收入流动性整体上呈上升趋势且收入增长占据主导地位，这与期间我国经济持续增长也是相吻合的。CHNS 样本的测算结果显示，在 1997 年之前有方向的收入流动性呈稳步上升趋势，1997—2006 年在波动中下降，2006—2009 年又有大幅度提升，CFPS 样本的测算结果表明 2010—2016 年呈明显的上升趋势。同时还发现，低收入家庭的绝对收入流动性较强，2006—2009 年偏向低收入家庭的流动性达到最大值，2010—2016 年呈稳步上升态势。

分城乡来看，城镇与农村的绝对收入流动性有所不同，农村家庭的绝对收入流动性总体状况优于城镇家庭，意味着相对于城镇家庭而言，农村家庭的人均收入在考察期内得到了更大幅度的提升，同时经济增长大幅提高了农村低收入家庭的绝对收入水平；对不同地区的绝对收入流动性进行对比分析发现，从时间趋势来看，三个地区无方向的绝对收入流动性变动趋势基本一致，总体上表现出先上升后下降的变化规律，有方向的收入流动性分析结论表明，东部地区在 2004 年之前的收入流动性是在稳步提升，而 2004 年之后的收入流动性波动较大；中部地区与西部地区的有方向绝对收入流动性指数经历了下降与上升的交替变动过程，这说明中西部地区相邻调查年份的绝对收入流动性波动较大。从 1989—1997 年、1997—2006 年及 2006—2015 年三个阶段来看，东部与西部地区家庭的有方向的绝对收入流动性都在逐步提升，而中部地区在 1997—2006 年有方向的绝对收入流动性有小幅下降，这意味着在此阶段中部地区家庭的人均收入增长速度放缓。

四、收入流动性可以在一定程度上缓解长期收入失衡，但其对不同形式的收入失衡影响效应并不一致、也不同步

基于长期收入失衡变动的流动性测算分析表明，从全国层面上来看，收入流动性对长期不平等、长期贫困及长期极化都有所缓解，但缓解效应的变动趋势并不同步，如相同时间段上增长、下降趋势不一致，且最大值也并不在同一年出现。

基于长期不平等变化的收入流动性分析显示，收入流动性有助于缓解长期收入的不平等程度，但这种缓解效应在2006年之后开始缓慢下降。分解分析的结论表明，长期收入不平等程度的扩大主要发生在城乡内部、三个地区内部。从城乡对比分析来看，整体上农村收入流动性对长期收入均等化的效应更大，对不同地区的分析结果显示，西部地区流动性促进长期收入均等化的效应最强，相对而言，东部和中部地区内部的家庭长期不平等形势较为严峻。

基于长期贫困变化的收入流动性分析表明，收入流动性可以改善长期贫困。全国层面上的分析发现，1989—2009年这种效应逐渐增强，2009年达到最大值，之后有所减弱。城乡对比分析发现，收入流动性对长期贫困的缓解效应存在城乡差异，较之于城镇，农村的收入流动性在改善长期贫困方面发挥了更大的作用，从各自的变动趋势来看，城镇的这种缓解效应在1997年之后开始逐步下降，而农村情况较为乐观，这种缓解效应一直在增强；对三个地区的情况进行对比发现，1989—2015年西部地区的收入流动性对于长期贫困的缓解作用在各阶段都优于中东部地区，而东部地区的流动性对于长期贫困的缓解作用相对最弱。

基于长期极化变动的收入流动性分析显示，收入流动性对长期极化的影响效应不同层面上的分析结论并不一致。全国层面上，收入流动性缓解了长期极化，从时间趋势来看表现为先增强后减弱的

变化趋势，1989—2006年缓解长期极化的效应逐年上升，2006年以后开始趋缓，2015年出现了较为明显的下降；城乡层面上的对比发现，收入流动性对长期极化的缓解作用具有显著的城乡差异，1997年以前收入流动性缓解了城镇家庭长期收入的三极分化程度，1997年之后这种缓解作用在逐渐变小，到2006年城镇家庭的收入流动性反而加剧了长期收入的分化，而农村的情况较为乐观，收入流动性一直发挥着缓解农村家庭长期收入三极分化的作用，但这种作用在2006年以后也开始减弱；通过东、中、西部不同地区的分析发现，三个地区的收入流动性都起到了缓解长期极化的作用，但是强弱有别，收入流动性有利于控制地区内部长期收入三极分化的进一步扩大，西部地区的收入流动性对缓解长期极化的效果最为显著，而中东部地区没有显著的差异。

五、社区及家庭特征对收入流动性影响显著

在影响收入流动性的因素中，家庭所在社区的社会资源禀赋丰富程度及其变化等特征对其收入流动方向有显著的影响。社区城市化水平的提高、城市化进程的加快都有助于推动社区内的家庭收入向上流动，并且社区特征变量能够通过作用于某些反映家庭特征的变量对家庭收入流动性产生影响。

收入流动性与家庭收入结构的变动密切相关。家庭工资性收入比重的提升能有效促进家庭人均收入向上流动，商业性收入比重的提高也是提升收入向上流动的重要抓手，同时表征社区特征的城市化水平能通过作用于转移性收入比重的变动进而阻碍收入向下流动。

此外，家庭在每个阶段的期初人口越大以及期间人口增量越大，家庭收入向上流动的机会将降低，且向下流动的可能性增加；户主年龄越大，家庭收入向上流动的可能性越小。教育对收入流动有积极显著的影响，受教育程度越低，家庭收入向上流动的可能越小，

相对于低学历，中等学历户主的家庭与高学历户主的家庭有更大的机会向上流动。虽然户主在国有单位工作能促进家庭收入在1989—2015年向上流动，但近期影响并不显著。因此，在家庭层面，提高家庭商业性收入和工资性收入比重，提升户主的受教育水平，能显著增加家庭收入向上流动的机会；在社区层面，提升社区经济活动水平、住房条件与卫生条件、社区服务保障等城市化相关的指标，有助于家庭收入向上流动。

第二节　政策建议

党的十九大报告指出，我国社会的主要矛盾已经转化为“人民日益增长的美好生活需要和不平衡不充分的发展之间的矛盾”，提高人民收入、缩小收入差距，既与新时代人民对美好生活日益增长的需要高度吻合，同时也是解决发展不平衡不充分的一个重要举措。著名经济学家林毅夫（2018）也指出，缩小收入差距，提高社会流动性，实现更包容的发展，是成功跨入高收入国家行列的必要条件。本书的实证结果表明，收入流动性有助于改善收入分配失衡并增进社会福利水平，不言而喻，从当下我国的收入分配现实状况来看，收入流动性对经济发展和社会创新的激励作用显然是正相关的。就目前我国的收入流动性状况而言，需要从多个角度出发抑制导致收入流动性较低的各种因素，进一步提升收入流动性，具体包括以下方面：

一、推动经济高质量发展，提升居民收入水平

毋庸置疑，经济发展是改善收入分配、缓解收入失衡并增进社

会福利的物质基础，也是提升收入流动性的前提。本书的实证分析结果也表明，家庭所在社区的资源禀赋特征是影响家庭收入流动性的重要因素。当前我国经济进入换挡模式，已由高速增长阶段转向高质量发展阶段。以往经济增长重速度，轻质量和效益，“三高”产业的比重偏高，过多地依赖资源的消耗，而转变经济发展的方式、优化经济结构、转换增长动力，从规模速度型转向质量效率型，通过促进高附加值高技术含量产业的发展支撑现代化经济体系的建立，以创新作为发展的第一动力，持续推动技术和产业升级，推动有质量有效益的高质量经济发展，是我国经济发展的必由之路。

在推动经济高质量发展的同时，提升居民收入水平是推动收入向上流动的根本途径。为此，一方面要进一步完善城镇居民增收长效机制，健全和改善职工工资水平决定机制和正常增长机制，完善最低工资标准及动态调整机制，逐步提高最低工资标准，提升居民工资性收入水平。另一方面，也要挖掘现代农业增收潜力，加快推进农村农业现代化，构建包括生产体系、经营体系的现代农业产业体系，坚持以市场为导向扩大特色产业，促进农业与第二、三产业融合发展，推动农业电子商务服务体系建设，推进农产品电子商务发展，多渠道促进农民增收。

二、推动实现更高质量的就业，拓展收入向上流动的空间

本书的分析结论表明，家庭工资性收入比重的提升能有效促进家庭收入向上流动，从而推动家庭成员实现更高质量的就业，有助于家庭收入向上流动。为此，在经济高质量发展中创造更多的就业机会，以经济发展扩大就业，加快促进传统产业转型升级，引导劳动者转岗提质就业，推进并实现经济发展和扩大就业的良性互动，加强经济政策与就业政策的协同联动机制，落实促进创业、就业的相关产业政策及税收优惠政策，积极培育信息服务、现代物流、融

资租赁等新型现代服务业，加快发展平台经济等新经济形态，深入推进创新创业，可以催生更多高质量的就业岗位，进而拓展收入向上流动的空间。

同时，在当前劳动力从农业向非农业转移速度明显放缓的背景下，引导和鼓励高校毕业生、返乡农民工等重点群体创业，推动支持以创业带动就业，也可以有效地拓展新的就业空间。实施包括加强大学生创新创业培训，加大返乡创业技能人才的培养力度，增强培训的针对性和有效性，增强创业就业能力，完善和落实支持创新创业的激励政策措施，破解创业创新融资瓶颈，引导和扩大社会资本参与创新创业，丰富创业创新融资模式，营造有利于创业的政策环境，可以促进多种形式就业。

三、促进教育公平，推动收入流动

教育及人力资本是影响收入流动性的关键变量，也是改善收入流动性最有效的途径之一。本书的分析结论表明教育对收入流动性具有正向的促进作用，户主的受教育程度越高，家庭收入向上流动的机会越多，向下流动的可能性越小。如果把收入差距分为合理的收入差距与不合理的收入差距，那么在人力资本的质量发挥决定性作用的现代经济发展进程中，由于人力资本差异所造成的收入差距可以认为是合理的收入差距，因此，促进教育公平的意义重大。教育公平意味着每个人都拥有较为平等的受教育机会，一个人的受教育机会是否公平，不仅影响着他未来的收入增长水平，还决定着他是否有机会流动到更高的收入阶层。而长期以来，城乡之间、不同区域之间经济发展不均衡导致受教育机会存在相当大的差异，一个重要的体现就是教育资源配置失衡，特别是城乡及不同地区间教育投入的巨大差异，造成教育硬件和软件环境，如教育经费、师生配置比、师资质量、校舍环境、教学质量等都存在较大差距。如果这种现状不得以改善，长此以往，不仅会导致居民发展机会不公平，还会抑制收入流动，从而产生所谓的“穷人一直穷，富人一直富”的收入阶层固化现象。

就提高收入流动性、改善收入流动性质量来说，促进教育公平，使每个人都有公平的发展起点，保证每个人都享受公平的教育资源配置、受到公平的教育，这样才能调动所有的人进行人力资本投资，提高生产要素的质量，进而提高各阶层之间的收入流动性。尤其重要的是使处于中低收入阶层的个人和家庭可以通过均等的公共教育体系提升自己的技能，提高自己的就业能力以及获取更高收入水平的能力，从而向更高收入阶层流动。为此，社会相关部门要立足长远，在加大教育投入的同时，从战略上解决城乡、不同地区教育资源配置不均衡、教育质量差距较大的问题，优化教育资源的结构配置，逐步实现城乡、地区间教育统筹协调发展的均衡局面，保障弱势群体受教育和培训机会的公平性。政府要加大基础教育的投入，特别是加大对欠发达地区教育财政转移支付力度，同时公益性技能培训、就业培训和职业教育要向弱势群体及欠发达地区倾斜，保障其受教育机会的公平性，进而提升其获取收入的能力，这样才能保障各收入阶层特别是较低收入阶层具有向上流动的机会。

四、协调城乡和区域的经济发展，加快缩小城乡、区域差距

我国城乡、区域经济发展不协调，收入流动性的城乡、区域差异显著。当前我国城乡二元经济结构特征显著，城乡经济发展不协调，城镇居民与农村居民的收入差距较大，提升农民收入并推动其收入向上流动，城市化是解决这一问题的有效途径。城市化代表着现代生产方式和生活方式的结合，城市化进程的加快一方面为居民提供了劳动生产效率更高的工作岗位，同时也为居民提供了更好的生活环境，在城市化进程中的产业升级和各类市场体系的发展推动

着市场规模扩大、就业增加、居民收入增加。通过改革加快农村劳动力向城镇的转移，从而提高进城农民的收入水平，可以有效缩小城镇居民与农村居民的收入差距。为此，政府要科学规划，形成大中小城市和小城镇协调发展、东中西不同地区合理布局的城镇体系，提高城市化质量，完善基础设施，提升城镇的综合承载能力，创造就业机会，以缩小城乡差距为重点，发挥城镇化的支撑作用，有序推进与工业化、信息化、农业现代化相协调的城镇化建设，提高城市化水平，促进居民收入向上流动。

改革开放以来，我国效率优先的沿海发展战略造成地区收入差距急剧扩大，相继实施的西部大开发、东北振兴、中部崛起战略虽然使中西部地区的经济增长速度明显加快，但由于中西部地区市场化水平与产业竞争力相对较低，地区收入差距仍然显著。因此，从政策布局上向中西部地区倾斜，继续加大对中西部地区支持力度，加强对欠发达地区的基础设施建设，努力吸引资金、人才、技术到中西部地区去，有助于缩小地区间的收入差距，促进中西部地区居民收入向上流动。

五、搭建收入纵向流动的阶梯，使经济成果更多惠及中低收入群体

经济增长的同时并不一定能使低收入群体向上流动，低收入群体由于缺乏技能或其他自身弱质性因素的制约，需要政府搭建收入纵向流动的阶梯，鼓励低收入群体向上流动，包括消除户籍、区域等体制性障碍，增进教育、健康等人力资本培训体系的公平性，拓宽居民家庭收入渠道，从经济增长的亲贫角度制定更有利于低收入群体的分配和税收政策，使低收入群体在经济增长过程中分享到更多的改革成果，让低收入家庭源源不断地跨入中等收入群体，这不仅有利于促进合理的收入流动，同时也能有效缓解长期收入失衡所

产生的社会压力及社会矛盾。

社会保障体系对于促进收入流动性也发挥着不可估量的影响作用，从一定程度上来讲，完善的社会保障体系有助于降低不同部门、不同行业、不同地区之间收入流动过程中的风险与不确定性，能够鼓励和促进劳动力的优化配置及收入的合理流动，在收入流动性过程中发挥“安全网”与“定心丸”的作用。我国虽然正在进行社会保障体系的改革与完善，但是对低收入群体的社会保障还仍然无法满足社会经济发展的要求，加快完善社会保障体系，通过一定形式对社会成员的福利水平进行补偿，包括合理提高社会保险待遇水平，强化社会救助兜底功能，减轻就医负担，推进廉租住房和公共租赁住房统筹建设保障困难群众基本住房需求，提升老年人生活保障水平等，对低收入群体、困难地区和行业加强政策的倾斜支持力度，有助于鼓励其不断参加继续教育、调整和改善劳动技能，进而促进其收入向上流动。

六、营造公平的市场竞争环境，保障收入流动渠道畅通

健康合理的收入流动性依赖公平竞争的市场规则以及机会公平的市场竞争环境。在机会平等的前提下，每个人都可以凭借自己的努力平等地参与到市场竞争中，真正实现按要素贡献大小获得相应的收入分配，市场化的竞争机制会激励人们凭借个人才能和努力获得市场回报，社会成员获得高收入的机会是相对公平的，这就需要公平的政府制度和公平竞争的市场规则。反之，如果权力和垄断因素过于突出，则会扭曲要素分配机制，导致收入分配的不平等，制约收入流动性，则会形成一个恶性循环阻碍经济的可持续发展，且不利于社会和谐稳定。

为此，政府应致力于营造更加公平的市场竞争环境，包括为社会成员提供公平的起点、公平的竞争机制，打破国有企业的行业垄

断，整顿不合理的垄断收入，加强廉政建设，防止权力腐败，促进完善和成熟的公平竞争的市场经济制度环境，规范和完善法律制度体系，坚决查处权力寻租和“权钱交易”等损害公平竞争的行为，从制度上最大限度地杜绝不合法收入的来源和机会，才能提供一个经济机会相对公平的市场竞争环境。

同时也要改革阻碍城乡、不同地区居民收入流动的体制机制障碍，特别是现有的户籍制度使农村居民进入劳动力市场受到一定程度的阻碍，从而限制其在劳动力市场上的就业机会和工资收入，阻碍劳动力流动的一个严重后果是扭曲资本和劳动之间的收入分配，这在很大程度上阻碍了农村居民收入流动性的提升，因此，深化体制机制改革，逐步消除限制劳动力自由流动性的旧体制，进一步放开户籍制度，鼓励劳动力、资本等生产要素的合理自由流动，实现人们职业流动的机会，对提高我国居民的收入流动性具有十分积极的作用。

第三节　不足与展望

受资料和研究时间的限制，尽管笔者已尽力去完善文章的现有框架，但本书仍然存在一些明显的不足。

首先，由于数据的限制，不同数据库的家庭代码完全不同，无法对所有的样本家庭在整个时间区间上进行匹配分析，同时，CHNS数据库中历年都参与调查的家庭样本量不够大，这都可能会使研究结论的可靠性和准确性受到影响。

其次，收入流动性是由于种种原因造成的收入变动，其他未观察到的、不可量化的因素可能也会作用于它，本书仅选择了一些可以量化的因素进行了分析，对无法量化的特征识别不足可能导致收入流动性影响因素的分析不够全面。

如何在经济快速发展的同时，又能够使全体人民共享发展的成果，这是我国经济社会发展的重要目标，也是经济学界和社会学界广为关注的重大问题。然而，如何实现发展成果更多更公平地惠及全体人民，是一项长期而又艰巨的任务，本书仅从收入流动性视角提供一个可行的解决途径，从目前我国家庭收入流动性的研究现状来看，有以下 3 个方面尚需进一步深入研究：

1. 通常认为收入流动性是一个“好”的东西，快速的收入流动性有助于缓解长期收入分配失衡，但是不可否认收入流动性的提高会加大收入波动，在个体层面会带来收入的不可预测性进而产生收入风险和不安全性，如何衡量收入流动性带来的收入风险，这将是今后收入流动性研究中的一个重要方向。

2. 关于收入流动性的影响因素，本书仅从社区、家庭层面考察了可量化的社区特征、家庭特征及户主特征对收入流动性的影响，但是宏观因素如收入分配政策、经济体制改革等也都时刻左右着收入流动性的大小，在未来的研究中如何更多地把这些内容纳入研究模型中，量化其对收入流动性的影响程度，无疑也是一项值得进一步思考和研究的内容。

3. 与代际内收入流动性同样重要的是代际间收入流动性问题的研究，我国居民的代际间流动性程度如何以及代际间的收入流动性主要通过什么途径进行传递，这些问题都值得进一步探讨。

参考文献

[1] 艾小青．收入流动性的度量：一种新的方法及其应用 [J]．统计研究，2016 (4)：71 - 77.

[2] 陈宗胜，高玉伟．论我国居民收入分配格局变动及橄榄形格局的实现条件 [J]．经济学家，2015 (1)：30 - 41.

[3] 范力，丁宁．中国居民个人收入流动性——计量分析 [J]．中国软科学，2010 (6)：177 - 185.

[4] 范从来，张中锦．功能性与规模性收入结构：思想演进、内在联系与演进趋向 [J]．经济学家，2014 (9)：5 - 13.

[5] 洪兴建，李金昌．极化测度方法述评与中国居民收入极化 [J]．经济研究，2007 (11)：139 - 153.

[6] 洪兴建．中国地区差距、极化与流动性 [J]．经济研究，2010 (12)：82 - 96.

[7] 洪兴建．居民收入分配失衡的测度方法研究 [M]．经济科学出版社，2010.

[8] 洪兴建．收入流动性测度方法述评 [J]．浙江工商大学学报，2013 (6)：65 - 72.

[9] 洪兴建，马巧丽．中国城镇居民家庭收入流动性及其对收入不平等的影响 [J]．统计研究，2018 (4)：64 - 72.

[10] 胡棋智，王朝明．收入流动性与居民经济地位动态演化的实证研究 [J]．数量经济技术经济研究，2009 (3)：66 - 79.

[11] 罗楚亮．城乡居民的收入流动性研究 [J]．财经科学，2009 (1)：35 - 44.

[12] 林毅夫，刘培林．中国具备顺利跨越中等收入陷阱的条件 [N].

人民日报，2018-1-14（5）.

［13］李实. 中国收入分配中的几个主要问题［J］. 探索与争鸣，2011（4）：8-12.

［14］米建伟，梁勤. 收入流动性：收入分配研究的新领域［J］. 中国劳动经济学，2009（2）：158-175.

［15］雷欣，陈继勇. 收入流动性与收入不平等：基于 CHNS 数据的经验研究［J］. 世界经济，2012（9）：84-104.

［16］刘志国，马健. 谁的上升空间受到了挤压：收入流动性角度的分析［J］. 经济学动态，2016（8）：53-60.

［17］牛晓健，裘翔，王全. 中国城乡居民收入流动性研究［J］. 金融研究，2014（4）：174-191.

［18］权衡. 公共政策、居民收入流动与收入不平等［J］. 经济学家，2004（6）：57-63.

［19］权衡. 居民收入流动性与收入不平等的有效缓解——收入流动性理论与实证分析框架［J］. 上海经济研究，2005a（3）：19-25.

［20］权衡. 政府权力、收入流动性与收入分配——一个理论分析框架与中国经验［J］. 社会科学，2005b（5）：64-73.

［21］权衡. 收入差距与收入流动性：国际经验比较及其启示［J］. 社会科学，2008（2）：4-13.

［22］权衡. 中国城乡居民收入流动性与长期不平等［J］. 上海财经大学学报，2015（2）：4-19.

［23］孙文凯，路江涌，白重恩. 中国农村收入流动分析［J］. 经济研究，2007（8）：53-66.

［24］尹恒，李实，邓曲恒. 中国城镇个人收入流动性研究［J］. 经济研究，2006（10）：30-43.

［25］托马斯·皮凯蒂著，巴曙松等译. 21 世纪资本论［M］. 中信出版社，2014.

［26］王海港. 中国居民家庭的收入变动及其对长期平等的影响［J］. 经济研究，2005（1）：56-66.

[27] 王海港. 中国居民的收入分配和收入流动性研究 [M]. 中山大学出版社，2007.

[28] 王小鲁，樊纲. 中国收入差距的走势和影响因素分析 [J]. 2005 (1)：24 - 36.

[29] 王朝明，胡棋智. 中国收入流动性实证研究——基于多种指标测算 [J]. 管理世界，2008 (10)：30 - 40.

[30] 王朝明，胡棋智. 收入流动性测度研究述评 [J]. 南开经济研究，2008 (3)：133 - 153.

[31] 王洪亮. 中国区域居民收入流动性的实证分析：对区域收入位次变动强弱的研究 [J]. 管理世界，2009 (3)：36 - 44.

[32] 王洪亮，刘志彪，孙文华，胡棋智. 中国居民获取收入的机会是否公平：基于收入流动性的微观计量 [J]. 世界经济，2012 (1)：114 - 143.

[33] 谢宇，胡婧炜，张春泥. 中国家庭追踪调查：理念与实践 [J]. 社会，2014 (2)：1 - 32.

[34] 尹恒，李实，邓曲恒. 中国城镇个人收入流动性研究 [J]. 经济研究，2006 (10)：30 - 43.

[35] 杨俊，黄潇. 中国收入流动性再探讨 [J]. 统计研究，2010 (11)：24 - 33.

[36] 杨穗，李实. 中国城镇家庭的收入流动性 [J]. 中国人口科学，2016 (5)：78 - 89.

[37] 杨穗，李实. 转型时期中国居民家庭收入流动性的演变 [J]. 世界经济，2017 (11)：3 - 22.

[38] 严斌剑，周应恒，于晓华. 中国农村人均家庭收入流动性研究 [J]. 经济学 (季刊)，2014，13 (3)：939 - 968.

[39] 亚当·斯密. 国民财富的性质和原因的研究 (上卷) [M]. 商务印书馆，1776/1996.

[40] 周兴，王芳. 中国城乡居民的收入流动、收入差距与社会福利 [J]. 管理世界，2010 (5)：65 - 74.

［41］张立冬．中国农村居民收入流动性研究——基于绝对收入流动性的视角［J］．南京农业大学学报，2009（3）：32－37.

［42］周海明，姚先国，肖文．功能性与规模性收入分配：研究进展和未来方向［J］．世界经济文汇，2012（3）：89－106.

［43］张立冬．中国城乡居民收入流动性实证研究［J］．西安财经学院学报，2013，（2）：43－47.

［44］章奇，米建伟，黄季焜．收入流动性和收入分配：来自中国农村的经验证据［J］．经济研究，2007（11）：123－138.

［45］臧微，白雪梅．中国居民收入流动性的区域结构研究［J］．数量经济技术经济研究，2015（7）：57－73.

［46］臧微，白雪梅．西部农村居民收入流动性结构研究［J］．统计研究，2015（12）：62－68.

［47］Atkinson A B，Bourguignon F. The Comparison of Multi－dimensional Distributions of Economic Status［J］. Review of Economic Studies，1982，49（2）：183－201.

［48］Atkinson A B，Bourguignon F，Morrison C. Empirical Studies of Earnings Mobility［M］. Harwood Academic Publishers，Chur，1992.

［49］Alcalde－Unzu J，Ezcurra R，Pascual P. Moblity as Movement：a Measuring Prososal Based on Transition Matrices［J］. Economics Bulletin，2006，4（22）：1－12.

［50］Albornoz，Facundo，Menendez，Marta. Analyzing Income Mobility and Inequality：The Case of Argentina During the1990's［OL］. 2002［2017－12－5］. http：//sedici. unlp. edu. ar/bitstream/ handle/ 10915/57460/Documento_completo__. pdf－PDFA. pdf? sequence=1.

［51］Aaverge R，Bjorklund A，Jantti M，Palme M，Pedersen P J. Income Inequality and Income Mobility in the Scandinvian Countries Compared to the United States［J］. Review of Income and Wealth，2002，48（4）：443－469.

［52］Ayala L，Sastre M. The Structure of income mobility：Empirical Evidence from Five UE Countries［J］. Empirical Economics，2008，35（3）：451－

473.

[53] Baker M, Solon G. Earnings Dynamics and Inequality among Canadian Men, 1976 - 1992: Evidence from Longitudinal Income Tax Record [J]. Journal of Labor Economics, 2003, 21 (2): 289 - 321.

[54] Baulch B, Hoddinott J. Economic Mobility and Poverty Dynamics in Developing Countries [J]. Journal of Development Studies, 2000, 36 (6): 1 - 24.

[55] Bibby J. Methods of Measuring Mobility [J]. Quality and Quantity, 1975 (9): 107 - 136.

[56] Bartholomew D J. Stochastic Models for Social Processes, Second ed [M]. Wiley, Chichester, 1973.

[57] Burkhauser R V, Poupore J G. A Cross - national Comparion of Permanent Inequality in the United States and Germany [J]. The Review of Economics and Statistics, 1997, 74 (1): 10 - 17.

[58] Burkhauser R VHoltz - Eakin D, Rhody S E. Labor Earnings Mobility and Inequality in the U S and Germany During the Growth Years of the 1980s [J]. International Economic Review, 1997, 38 (4): 775 - 794.

[59] Benabou, Roland, OK E A. Social Mobility and the Demand for Redistribution: the POUM Hypothesis [J]. Quarterly Journal of Economics, 2001, 5: 447 - 487.

[60] Burkhauser R V, Nolan B, Couch K A. Intragenerational Inequality and Intertemporal Mobility: eds in The Oxford Handbook of Economic Inequality [M]. Oxford University Press, 2011 , 522 - 545.

[61] Bibi S, Duclos J Y, Araar A. Mobility, Taxation and Welfare [J]. Soc Choice Welf, 2014, 42: 503 - 527.

[62] Bourguignon F. Non - anonymous Growth Incidence Curves, Income Mobility and Social Welfare Dominance [J]. Journal of Economic Inequality, 2011, 9 (4): 605 - 627.

[63] Beach C M, Finnie R. A Longitudinal Analysis of Earnings Change in Canada [J]. The Canadian Journal of Economics, 2004, 37 (1): 219 - 240.

[64] Buchinsky M, Fields G, Fougere D, Kramarz F. Frances or Ranks? Earnings Mobility in France, 1967 - 1999 [R]. Working Paper, 2003, Cornell University.

[65] Bradbury K, Katz J. Trends in U S Family Income Mobility, 1967 - 2004 [J]. Social Science Electronic Publishing, 2009 (9 - 7).

[66] Bradbury K. Trends in U S Family Income Mobility, 1969 - 2006. [R]. Working Paper, Federal Reserve Bank of Boston, 2011.

[67] Bossert W, D'Ambrosio. Measuring Rank Mobility with Variable Population Size [R]. Society for the Study of Economic Inequality, Working Paper Series, 2014.

[68] Bayaz - Ozturk G, Burkhauser R V, Couch K A. Consolidating the Evidence on Income Mobility in the Western States of Germany and the United States from 1984 to 2006 [J]. Economic Inquiry, 2014, 52 (1): 431 - 443.

[69] Bartels C, Boenke T. German Male Income Volatility 1984 to 2008: Trends in Permanent and Transitory Income Components and the Role of the Welfare State [R]. Deutsches Institut fur Wirtschaftsforschung, Berlin, SOEP papers on Multidisciplinary Panel DataResearch, No. 325, 2010.

[70] Chakravarty S R, Dutta B, and Weynwk J A. Ethical Indices of Income Mobility [J]. Social Choice and Welfare, 1985, 2: 1 - 21.

[71] Chakravarty S R. A Note on the Measurement of Mobility [J]. Economics Letters, 1995, 48 (1): 33 - 36.

[72] Creedy J, Hart P , Klevmarken, Anders. Income mobility in Great Britain and Sweden, in Klevmarken, N. A. and Lybeck, J. A. (eds.): The Statistics andDynamics of Income, 1980, Cleveden Avon Tieto.

[73] Creedy J, Wilhelm M. Income Mobility, Inequality and Social Welfare [J]. Australian Economic Papers, 2002, 41 (41): 140 - 150.

[74] Checchi D, Dardanoni V. Mobility Comparisons: Does Using Different Measurement Matter? Working paper, 2002.

[75] Chen W H. Cross - national Differences in Income Mobility: Evi-

dence from Canada, the United State, Great Britain and Germany [J]. Review of Income and Wealth, 2009, 55 (1): 75 - 100.

[76] Cowell F A, Flachaire E. Measuring Mobility [R]. Public Economics Disscussion Paper 8, 2011, London School of Economics.

[77] Chetty R, Nathaniel H, Patrick K and Emmanuel S. Where is the Land of Opportunity? The Geography of Intergenerational Mobility in the United States [J]. Quarterly Journal of Economics, 2014, 129 (4): 1553 - 1623.

[78] Chetty R, Nathaniel H. The Impacts of Neighborhoods on Intergenerational Mobility: Childhood Exposure Effects and County - Level Estimates [R]. Cambridge: Harvard University and NBER, 2015.

[79] Dardanoni V. Measuring Social Mobility [J]. Journal of Economic Theory, 1993, 61 (2): 372 - 394.

[80] D'Agostino M, Dardanoni V. The Measurement of Rank Mobility [J]. Journal of Economic Theory, 2009a (4): 1783 - 1803.

[81] D'Agostino M, Dardanoni V. What's so Special about Euclidean Distance? A Characterization with Applications to Mobility and Spatial Voting [J]. Soc Choice Welf, 2009b, 33 (2), 211 - 233.

[82] Demuynck T, Van de gaer D. Inequality Adjusted Income Growth [J]. Economica , 2012, 79 (316), 747 - 765.

[83] Dynan K, Elmendorf D, Sichel D. The Evolution of Household Income Volatility [J]. BEJ of Economic Analysis and Policy, 2012, 12 (2): 1 - 42.

[84] Dickens R. Caught in a Trap? Wage Mobility in Great Britain: 1975 - 1994 [J]. Economica, 2000, 67 (268): 477 - 497.

[85] Dickens R, McKnight A. Changes in Earnings Inequality and Mobility in Great Britain 1978/9 - 2005/6 [R]. CASE Paper 132, Centre for the Analysis of Social Exclusion, London School of Economics, 2008, London. http: //sticerd. lse. ac. uk/dps/case/cp/CASEpaper132. pdf.

[86] Daly M C, Valletta R G. Cross - national Trends in Earnings Inequality and Instability [J]. Economics Letter, 2008, 99: 215 - 219.

[87] Fritzell J. The Dynamics of Income Distribution: Economic Mobility in Sweden Compared to the United States [J]. Social Science Research, 1990, 19: 17 -46.

[88] Ferreira FHG, Messina J, Rigolini J, Lopez - Calva L, Lugo M A, Vakis R. Economic Mobility and the Middle Class: Concepts and Measurement [R]. 2012, Washington (DC): World Band.

[89] Fields G S, Ok E A. The Meaning and Measurement of Income Mobility [J]. Journal of Economic Theory, 1996, 71: 349 -377.

[90] Fields G S, Ok E A. Measuring Movement of Incomes [J]. Economica, 1999a, 264: 455 -471.

[91] Fields G S, Ok E A. The Measurement of Income Mobility: An Introduction to the Literature, in: Handbook of Income Inequality Measurement [M] Springer Netherlands, 1999b, 71 (5): 557 -598.

[92] Fields G S. The Many Facets of Economic Mobility. In: M. McGillivray (Ed.), Inequality, Poverty, and Well - Being [M]. Houndmills: Palgrave Macmillan, 2006, 123 -142.

[93] Fields G S. A Brief Review of the Literature on Earnings Mobility in Developing Countries [R]. Working Paper, 2008, Ithaca: Cornell University.

[94] Fields G S. Does Income Mobility Equalize Longer - term Incomes? New Measures of an Old Concept [J]. Journal of Economic Inequality, 2010, 8: 409 -427.

[95] Formby J P, Smith W J, Zheng B. Mobility Measurement, Transition Matrices and Statistical Inference [J]. Journal of Econometrics, 2004, 120: 181 -205.

[96] Formby J P, Smith W J, Zheng B. Economic Growth, Welfare and the Measurement of Social Mobility. In: Amiel Y, Bishop J (Eds), Research in Economic Inequality [M]. JAI Press Amsterdam, 2003.

[97] Geweke J, Marshall R C, Zarkin G A. Mobility Indices in Continuous Time Markov Chains [J]. Econometrica, 1986, 54 (6): 1407 -1423.

[98] Gottschalk P, Moffitt R, Katz LF, Dickens W T. The Growth of Earnings Instability in the U S Labor Market [J]. Brookings Papers on Economic Activity, 1994 (2): 217 -272.

[99] Gottschalk P, Smeeding T M. Empirical Evidence on Income Inequality in Industrialized Countres [M]. Elsevier B V, 2010.

[100] Gottschalk P, Spolaore E. On the Evaluation of Economic Mobility [J]. Review of Economic Studies, 2002, 69 (1): 191 -208.

[101] Gottschalk P, Moffitt R. The Rising Instability of U S Earnings [J]. Journal of Economic Perspectives, 2009, 23 (4): 3 -24.

[102] Genicot G, Ray D. Measuring Upward Mobility [C]. Paper Presented at the ECINEQ Meeting in Bari, 2013.

[103] Glewwe P, Nguyen P. Economic Mobility in Vietnam in the 1990s [J]. Hemisphere Pub. Corp, 2002, 28 (3): 341 -349.

[104] Gangl M. A Longitudinal Perspective on Income Inequality in the United States and Europe [J]. Focus, 2008, 26 (1): 33 -38.

[105] Hart P E. The Dynamics of Earnings [J]. Economic Journal, 1976a, 86: 541 -565.

[106] Hart P E. The Comparative Statics and Dynamics of Income Distributions [J]. Journal of the Royal Statistical Society A, 1976b, 139: 108 -125.

[107] Hart P E. The Statitics and Dynamics of Income Distributions: A Survey, in Klevermarken A and Lyveck J A (eds), The Statics and Dynamics of Income [M]. Tieto, Clevedon, 1981.

[108] Hart P E. The Size Mobility of Earnings [J]. Oxford Bulletin of Economics and Statistics, 1983, 45: 181 -193.

[109] Houtenville A J. Income Mobility in the United States and Germany: A Comparison of Two Classes of Mobility Measures Using the GSOP, PSID, and CPS [R]. Technical report, Viertelijahrshefte zur Wirtschaftsforschung, 70, 2001. Heft 1/2001 S. 59 -65.

[110] Jenkins S P, Van Kerm P. Trends in Individual Income Growth:

Measurement Methods and British Evidence [J]. Social Science Electronic Publishing, 2011.

[111] Jarvis S, Jenkins S P. How Much Income Mobility is There in Britain? [J] The Economic Journal, 1998, 108 (447): 428 -443.

[112] Jenkins S P. Changing Fortunes: Income Mobility and Poverty Dynamics in Britain [M]. Oxford, Oxford University press, 2011.

[113] Kuznets S S. Modern Economic Growth: Rate, Structure, and Spread [M]. Yale University, New Haven, 1966.

[114] Khor N and Pencavel J. Income Mobility of Individuals in China and the United States [J]. Economics of Transiton, 2006, 14 (3): 417 -458.

[115] Khor N, Pencavel J. Measuring Income Mobility, Income Inequality, and Social Welfare for Households of the People's Republic of China [R]. Adb Economics Working paper, 2008.

[116] Krueger A B. The Rise and Consequences of Inequality in the United States [OL]. 2012, http: //www. whitehouse. gov/sites/default/files/krueger_cap_speech_final_remarks. pdf.

[117] King M A. An Index of Inequality: With Applications to Horizontal Equity and Social Mobility [J], Econometrica, 1983, 51: 99 -115.

[118] Kerbs T, Krishna P, Maloney W F. Income Mobility and Welfare [J]. Social Science Electronic Publishing, 2013.

[119] Kopczuk W, Song J. Earnings Inequality and Mobility in the United States: Evidence From Social Security Data Since 1937 [J]. Quarterly Journal of Economics, 2010, 125 (1): 91 -128.

[120] Mccall J J. Income Mobility, Racial Discrimination and Economic Growth [M]. D C Health, Lexington, 1973.

[121] Mitra T, Ok E. The Measurement of Income Mobility: A Partial Ordering Apporach [J]. Economic Theory, 1998, 12: 77 -102.

[122] Markandya A. The Measurement of Earnings Mobility among Occupational Groups [J]. Scottish Journal of Politucal Economy, 1982, 29: 75 -88.

[123] Maasoumi E, Zandvakili S. A Class of Generalized Measures of Mobility with Applications [J]. Economic. Letter. 1986, 22 (1): 97 -102.

[124] Maasoumi E, Zandvakili S. Generalized Entropy Measures of Mobility for Different Sexes and Income Levels [J]. Journal of Econometrics, 1990, 43 (1): 121 -133.

[125] Maasoumi E, Trede M. Comparing Income Mobility in Germany and the US Using Generalized Entropy Mobility Measures [J]. Review of Economics and Statistic. 2001, 83 (3): 551 -559.

[126] Maasoumi E. On Mobility, In Ullah A, Giles D E A (Eds), Handbook of Applied Economic Statistics [M]. New York: Marcel Dekker, 1998.

[127] Nee V. The Emergence of a Market Society: Changing Mechanisms of Stratification in China [J]. American Journal of Sociology, 1996, 100 (4): 908 -949.

[128] Nee V, Liedka R. Markets and Inequality in the Transition from State Socialism, in Midlarsky M, Eds: Inequality, Democracy, and Economic Development [M]. New York: Camvridge University Press, 1997.

[129] Piketty, Thomas and Emmanuel Saez. The Evolution of Top Incomes: A Historical and International Perspective [J]. The American Economic Review, 2006, 96 (2): 200 -205.

[130] Prais S J. Measuring Social Mobility [J]. Journal of the Royal Statistical Society Series, 1955, 118: 56 -66.

[131] Palmisano F, Van de gaer D. History Dependent Growth Incidence: A Characterization and an Application to the Economic Crisis in Italy [J]. Oxford Economic Papers, 2016, 68 (2): 585 -603.

[132] Paul S. A Measurement of Income Mobility with an Empirical Application [R]. Working Paper, University of Western Sydney, 2009.

[133] Paul S. A New Measurement of Income Mobility Based on Transition Matrices and Application to the US and China [R]. Working Paper, University of the South Pacific, 2016.

[134] Woolard, Ingrid, Klasen, Stephan. Determinant of Income Mobility and Household Poverty Dynamics in South Africa [J]. Journal of Development Studies, 2005, 41 (5): 865 -897.

[135] Raferzeder T, Winter - Ebmer R. Who is on the Rise in Austria: Wage Mobility and Mobility Risk [J]. Journal of Economic Inequality, 2007, 5 (1): 39 -51.

[136] Schumpeter J, Introd H. Imperialism and Social Classes [M]. The World Publishing Company, 1955.

[137] Shorrocks A F. The Measurement of Mobility [J]. Econometirca, 1978a, 46 (5): 1013 -1024.

[138] Shorrocks A F. Income Inequality and Income Mobility [J]. Journal of Economic Theory, 1978b, 19 (2): 376 -393.

[139] Shorrocks A F. Income Mobility and the Markov Assumption [J]. The Economic Journal, 1976, 86 (343): 566 -578.

[140] Shorrocks A F. Income Stability in the United State, In: Klevmarken N A, Lybeck J A (Eds), The Statics and Dynamics of Income [M]. Tieto, Clevedon, Avon, 1981.

[141] Sommers P S, Conlisk J. Eigenvalue Immobility Measures for Markov Chains [J]. Journal of Mathematical Sociology, 1979, 6: 253 -276.

[142] Schluter C, Van de gaer D. Upward Structural Mobility, Exchange Mobility, and Dubgroup Consistent Mobility Measurement: US - German Mobility Rankings Revisited [J]. Rev. Income Wealth, 2011, 57 (1), 1 -22.

[143] Schluter C, Trede M. Local versus global assessments of mobility [J]. International Economic Review, 2003, 44 (4): 1313 -1335.

[144] Schiller B R. Earnings Mobility in the United States [J]. The American Economic Review, 1977, 67 (5): 926 -941.

[145] Shi X, Nuetaha J A, Xin X. Household income mobility in rural China: 1989—2006 [J]. Economic Modelling, 2010, 27 (5): 1090 -1096.

[146] Nissanov Z. Economic Growth and the Middle Class in an Economy in

Transition: the Case of Russia [M]. Springer International Publishing, 2017.

[147] Trede M. Making Mobility Visible: a Graphical Device [J]. Economics Letters, 1998, 59 (1): 77 - 82.

[148] Thatcher A R. Year - to - year Variations in the Earnings of Individual [J]. Journal of the Royal Statistical Society, 1971, 134 (3): 374 - 382.

[149] Theil H. Statistical Decomposition Analysis [M]. Amsterdam, North - Holland, 1972.

[150] Van Kerm P. What Lies Behind Income Mobility? Reranking and Distributional Change in Belgium, Western Germany and the USA [J]. Economica, 2004, 71 (282): 223 - 239.

[151] Zandvakili S. Generalized Entropy Measures of Long - run Inequality and Stability among Male Headed Households [J]. Empirical Economics, 1992, 17 (4): 565 - 581.